Robin Schicha

Außerirdische Reportagen vom Schulalltag

Ein junger Autist beschreibt seine Erdensicht

Coverillustration: Robin Schicha
www.robin-schicha.de
Covergestaltung: Michael Schmitz

www.autismus-buecher.de

ISBN 978-3-945668-22-1 (eBook)
ISBN 978-3-945668-21-4 (Buch)

Inhaltsverzeichnis

Vorwort der Eltern

Die nachfolgenden Geschichten sind Texte mit Karikaturen unseres autistischen Sohnes Robin, der seine täglichen Erfahrungen in der Schule und im Familienumfeld tagebuchartig festgehalten hat. Sie entstanden zwischen dem 14. und 18. Lebensjahr. In dieser Zeit wurde Robin erst mit 15 Jahren als ein High-Functioning-Autist diagnostiziert.

Bei den dargestellten Ereignissen handelt es sich um reale Erlebnisse, die Robin verfremdet dargestellt hat. Er hat seine alltäglichen Erfahrungen als Autist unter Nichtautisten beschrieben, besonders in der Entwicklungsphase der Pubertät im Umfeld von Schule und Familienalltag. Zusätzlich hat er die Abweichungen in seinem Alltag durch unsere Urlaubsreisen, die ihn jedes Mal in unbekannte und unvorhersehbare Welten gebracht haben, in diesem Buch verarbeitet.

Durch die Sichtweise eines außerirdischen Wesens, das auf die Erde gekommen ist und sich immer wieder über die Menschen mit ihren ungewöhnlichen Verhaltensweisen wundert, hat Robin die besonderen Wahrnehmungen und Empfindungen von autistischen Menschen dargestellt. Er hat intuitiv diese Sichtweise gewählt, ohne zu wissen, dass amerikanische Autisten, die im Internet miteinander kommunizieren, sich selbst mit dem "Wrong planet syndrome" benennen.

Dadurch erklärt Robin, wo er die Unterschiede zwischen dem eigenen Erleben als Autist und dem der anderen Menschen wahrnimmt.

Diese "Reportagen" sind trotz der zu Grunde liegenden realen Erlebnisse - und auch manchmal unangenehmen Erfahrungen – insgesamt kurzweilig geschrieben.

Ergänzend zum Text hat Robin durch seine karikaturartigen Zeichnungen die Besonderheiten seiner autistischen Wahrnehmungen unterstrichen. So veranschaulicht er auf dem Bild zum 1. Kapitel, dass der "außerirdische" Autist das Gefühl hat, dass seine Mitschüler an der Schule Quälgeister sind. Noch deutlicher wird es beim Bild aus Kapitel 4, wo alle Mitschüler zu lauten und aggressiven Monstern mutieren, die den Außerirdischen mobben und tyrannisieren.

Das unangenehme Gefühl, in einem engen Bus auf einer Klassenfahrt hilflos dem Krach der Mitschüler ausgeliefert zu sein, wird im Bild zum 3. Kapitel verdeutlicht.

Die für einen hypersensiblen Autisten unerträgliche Hitze eines normalen italienischen Sommers hat Robin im Bild zum 11. Kapitel eindrucksvoll dargestellt.

Wir hoffen, dass die Ausführungen unseres Sohnes dazu beitragen, die Weltsicht eines Autisten besser zu verstehen. Darüber hinaus haben die Erzählungen von Robin auch uns selbst immer wieder zu der Frage veranlasst, wo eigentlich der Maßstab dafür liegt, was vernünftig ist, und ob Autisten in vielerlei Hinsicht nicht viel angemessener handeln als so genannte „normale" Menschen. Insofern ist auch für uns der Austausch mit unserem Sohn über seine Gedanken, Gefühle und Erlebnisse hilfreich, um unser eigenes Verhalten kritisch zu reflektieren.

Das Buch soll aber auch einen kleinen Baustein dazu leisten, den enormen Leidensdruck zu verdeutlichen, denen Autisten im täglichen Lebensalltag ausgesetzt sind. Aufgrund ihres oftmals als "schräg" beurteilten Verhaltens müssen sie nahezu täglich mit Ablehnungen, Anfeindungen und Isolation rechnen. Ihre spezifische Sensibilität wird in der Regel nicht akzeptiert.

Vielfach werden autistische Störungen nicht oder erst sehr spät diagnostiziert und können daher auch nicht angemessen und frühzeitig therapeutisch begleitet werden. Insofern sollten Kinderärztinnen und -ärzte, Erzieherinnen und Erzieher sowie Lehrerinnen und Lehrer bereits im Rahmen ihrer beruflichen Ausbildung tragfähige Informationen über konkrete Ausprägungen innerhalb des autistischen Spektrums erhalten, um eine entsprechende Förderung zu ermöglichen, welche die Lebensqualität der Betroffenen und ihrer Angehörigen verbessert.

Trotz aller Defizite verfügen zahlreiche Menschen mit Autismus aber auch über sogenannte Inselbegabungen, die durch Würdigung und gezielte Fördermaßnahmen gestärkt werden können, um ihnen die verdiente gesellschaftliche Anerkennung ihrer Fähigkeiten und Fertigkeiten zu ermöglichen. So sind wir immer wieder überrascht, in welcher rasanten Geschwindigkeit es Robin z.B. gelingt, seine Gedanken und Gefühle zeichnerisch präzise auszudrücken.

Das Spektrum der Literatur zum Thema "Autismus" wächst stetig. Dabei handelt es sich neben medizinischen und psychologischen Untersuchungen vor allem um Berichte von Betroffenen und Eltern. Empfehlenswert ist auch der Roman von Mark Haddon (München 2003) mit dem Titel: "Supergute Tage oder Die sonderbare Welt des Christopher Boone", in dem ein fünfzehnjähriger Autist die Hauptperson spielt.

Die bislang vorliegenden Lebensgeschichten von Autisten, die erfreulicherweise in den letzten Jahren ebenfalls verstärkt publiziert und z.T. auch übersetzt worden sind, sind erst im Erwachsenenalter geschrieben worden und waren für Robin und uns hilfreich, um die autistische Perspektive insgesamt besser einordnen zu können.

Die nachfolgenden Ausführungen unseres Sohnes hingeben sind Erfahrungsberichte aus der Perspektive eines Außerirdischen. Insofern sind hier erstmals Wahrnehmungen, Gedanken und Erfahrungen eines Autisten formuliert, die während seiner Pubertät entstanden sind.

Wir hoffen, dass der Band einen exemplarischen Beitrag dazu leistet, Interesse und Verständnis für die Situation von Menschen mit Autismus zu wecken und wünschen den Leserinnen und Lesern eine anregende und unterhaltsame Lektüre!

Lisa Glagow-Schicha und Prof. Dr. Christian Schicha

Duisburg, im August 2015

Teil 1: Außerirdische Reportagen aus der Schule

1. Kapitel: Mein Schultag auf der Erde

Ankunft auf dem Planeten Erde

Ich bin ein Außerirdischer vom Planeten NIBOR und erhielt die exterrestrische Mission, den Planeten Erde mit seinen besonderen Verhaltensweisen der Ureinwohner - Menschen genannt - zu erkunden und dabei die irdischen Lernanstalten zu inspizieren.

Nachdem ich einige Lichtjahre lang mit meinem Raumschiff durch die Weiten des Universums geflogen war, erreichte ich endlich den Planeten Erde. Durch unseren früheren Besuch im Jahre 1565 hatten wir bereits die irdische Sprachfähigkeit erlernt, und so fiel es mir - als Formwandler - nicht schwer, die Gestalt eines normalen 14-jährigen Menschenjungen anzunehmen. Ich konnte gut lesen, schreiben und rechnen, um unauffällig auf der Erde zu wandeln.

Vorstellung meiner Person

Der Name unserer Gattung ist - aus mathematischer Sicht – RSÖ*? 01,222807395 KJ11 kurz: RS-Red Species.

Da eine solche Bezeichnung leider in keinem Telefonbuch - eine Art mittelalterlicher Platte mit beschränktem Inhalt aller stadtnächsten Erdennamen - steht, nenne ich mich in der Vorschule – was hier ein Vorgänger einer Akademie ist - einfach Wilhelm Two, nach dem deutschen Kaiser Wilhelm II. und König von Preußen.

Liebe Brüder im All: Ein Schultag auf der Erde ist ein außerirdischer Schultag, der außergewöhnlich irre ist!

Nach den ersten Stunden auf der Erde kann ich schon sagen:

Meine lieben Brüder, wir brauchen die Erde nicht zu vernichten. Sie ist weder friedlich, noch sozial besonders erfolgreich, aber die Spezies Mensch wird uns auch nicht in die Quere kommen. Ich habe eher die Vermutung - eine nicht ganz begründete Inspiration - sie wird sich eines Tages selbst auslöschen. Da uns niemand auf die Veränderungen hingewiesen hatte, die in der Zwischenzeit auf diesem aberwitzigen Planeten vorgegangen waren, werde ich euch nun die zerstörte Idylle genauer darstellen. Deshalb schicke ich euch mein Logbuch zu!

Montag, der erste Tag

Heute begann mein erster Tag an der Ingrid-Correct-Brutus-Schule, einer Gesamtschule in der Nähe von Hoppsaland, einem Vergnügungspark. Mein Klassen-, Mathe- und Chemielehrer trug die höfliche Bezeichnung Herr Know. Sein voller Name lautete Donald Know.

Meine Mitschüler waren, ehrlich gesagt, etwas komisch: Sie hatten eine Art "Halte-dich-nicht-an-Regeln-Kultur" entwickelt, die sie mit physischen und psychischen Mitteln anderen aufzwangen.

Ein Junge namens David besaß eine biologische Schallsirene in seinem Kehlkopf, die er benutzte, um mich zu quälen, seit ich ihm freundlich mitteilte, es würde mich stören.

Auch wussten die Kinder mehr, als im Logbuch gemäß ihrer Minderjährigkeit stand. Sie lachten und machten dauernd Witze über

Dinge, die uns und natürlich auch mir völlig alltäglich erschienen, wie über Musikgruppen, Mädchen und Lehrer.

Aber was, bei den neun Monden des Io, war denn so lustig, wenn ein Mitschüler Kreide durchs Klassenzimmer warf, wenn jemand eine Freundin hatte oder in einem Film - für Zuschauer unter 18 Jahren, vielleicht erwähnenswert - der Held oder der Feind zerschlitzt, auseinandergerissen oder zertrampelt wurde? Und was bedeutete eigentlich der alles umfassende Begriff "geil"?

Dagegen zählte die bisherige Lebensweise und frühere Kindheit wohl so gut wie nichts. Und wer dies ansprach, wurde entweder verspottet oder heruntergesetzt.

Auch die Theorie von Unterricht war ein gewaltiger Unterschied zur Praxis. Wenn eine Gruppe Mitschüler einen schlechten Tag hatte, ahmten alle im Raum deren Unlust beim Lernen nach. Die arme Geschichtslehrerin Frau Blaukrau war jedoch zu nett, um etwas dagegen zu unternehmen!

Am stärksten hob sich der Eduard hervor. Er flüsterte und tuschelte immer mit Tischnachbarn. Wehe man sagte etwas dagegen - man galt sofort als "Streber"!

Ich wunderte mich den ganzen Tag darüber, dass der Homo Sapiens sich dermaßen albern benehmen konnte!

Dienstag, der zweite Tag

Ein ganz auffälliges Lebewesen namens René versuchte immer, mich im Unterricht nach der Uhrzeit zu fragen. Hatte er keinen Zeitmesser?

Wenn ich etwas antwortete, bekam ich vom Lehrer Ärger; wenn ich ihn ignorierte, galt ich als "behindert". Was bedeutete das eigentlich?

Die Lehrer der Schule waren auch merkwürdig. Meine "irdischen" Eltern - ihren außerirdischen "Sohn" schicken wir nach den vier Tagen zurück, vergesst es nicht! - hatten bereits Briefe mit Nachfragen an die Lehrer geschrieben, die aber ignoriert wurden. Warum schrieben die Lebewesen hier denn sogenannte "Briefe"?

Viele Lehrer waren vom Schultag genervt, sie fehlten, und so fiel die Hälfte des Schultages einfach aus. Oder sie saßen faul am Pult und kümmerten sich nicht um die Schüler. Viele neigten dann sogar zu Aggressionen und beschimpften die Lernenden wüst!

Mittwoch, der dritte Schultag

Am nächsten Tag, genau 24 Stunden und 0,02 Sekunden später, bat ich die Vertretungslehrerin darum, nicht neben René sitzen zu müssen. Es war, als hätte ich eine Rakete angezündet. Ausnahmslos alle Schüler im Raum riefen dies und das - natürlich war nur ich "schuld", "wir haben es ihm gesagt", "der verpetzt uns immer", "wir sollen immer Mist machen, aber er..." alle Lehrer waren ratlos und beschützten plötzlich diese schreienden Lebewesen.

Die Tätigkeit des "Meldens" schien auf diesem Planeten noch nicht bekannt zu sein. Alle Schüler riefen einfach in die Klasse hinein. Der daraus resultierende Lärm störte mich sehr.

Einige Zeit später war wieder eine Horror-Pause fällig: Mein Mitschüler Kevin amüsierte sich über einen Film, wo unsere Leidensgenossen, eben wir Aliens, von Menschen in "Mars Attack" - absoluter Unfug - abgeschlachtet wurden oder selbst die Killer waren! Die anderen lachten alle ohne Nachfragen mit! Es war für mich alles sehr unverständlich.

Als ich mich im Schulgebäude umsah, fiel mir auf, dass der Baustil der Erdbewohner sehr merkwürdig war. Man musste immer zuerst durch einen langen Durchgang nach draußen gehen, so etwas Unpraktisches! Leider war die Luft draußen auch nicht so rein wie bei uns. Seit dem Ende der Dinosaurier hat sich die Luft hier auf der Erde dramatisch verschlechtert!

Besonders auffällig fand ich die Kommunikation unter den Schülern: Ich hatte mitgezählt, es fielen mehr "geil" und "cool"-Wörter als ganze Sätze!

Außerdem hatte ich mich immer noch nicht an diese "Autos" gewöhnt! Wenn mir einer vor 30.000 KPÄ (Kontinuum-pro-Aeronautik) gesagt hätte, die Erde würde von lebenden aber zugleich toten, qualmenden Vierrädern bewohnt, dann hätte ich ihn zwangseinweisen lassen müssen - am anderen Ende des Sirius!

Donnerstag, der vierte Schultag

(endlich der letzte Leidenstag!)

Mein letzter irdischer Schultag war besonders schwer, weil im Unterricht immer geredet wurde. Das könnt ihr euch nicht in der hintersten Gehirnsynapse vorstellen!

Und weil ich anfangs nicht ununterbrochen freundlich war, schoben mir die anderen jetzt grundsätzlich immer die Schuld zu.

Was sollte ich denn machen, Brüder des Alls? Nett zu reden brachte nichts; sie anzuzeigen, schaffte nur Feindseligkeit. Außerdem wollten sie, dass ich immer ihre Interessen teilen sollte! Ich wollte mir aber nicht die Haare bunt färben oder ohne Brille herumlaufen, obwohl ich sie brauchte. Es gab in meiner Klasse tatsächlich richtige blinde "Maulwürfe" ohne Brille, die nicht einmal lesen konnten! Aber sie waren in der Lage, an der Tafel nackte Frauen zu zeichnen!

Den Kontrolltest "Höflichkeit" hat diese Spezies glasklar NICHT bestanden!!!

Und dann erst die Religionen hier auf der Erde! An meiner Schule rief mal ein Türke: "Du Jude, ey!" Ich hatte vorher recherchiert, dass man sehr vorsichtig mit dem Umgang der Religionen untereinander umgehen sollte und nie jemanden mit seiner Religion beleidigen durfte. Aber das traf hier gar nicht zu!

Über den Religionsunterricht machen sich alle Schüler lustig, dabei war er doch sehr interessant. Wenn ein Rabauke in der Religionsstunde keine Lust zum Lernen hatte und sich stur stellte, machen ihm das alle anderen sofort nach. Aber das hatte ich ja schon erwähnt; so langsam langweilte es mich auch!

Liebe Freunde da oben! Ich denke, mein Flug hierher zur Erde war nur unnütz vergeudete Lichtgeschwindigkeit! Ich werde jetzt mein als Litfaßsäule getarntes Raumschiff von Graffiti reinigen: Das Besprayen von Gegenständen ist übrigens eine der Lieblingsbeschäftigungen der Humanoiden hier, was sie besonders an den Straßenbahnen demonstrieren, die natürlich nicht unserer Technologie nahe kommen.

Übrigens, bei der Ankunft musste ich keine Angst haben, ein Heiligtum zu beschädigen. Hier ist alles wertlos! Die Menschen wissen nichts mit sich anzufangen. Ich will endlich weg von diesem langweiligen Planeten!

2. Kapitel: Terra statt Terror

Hallo, liebe Brüder da oben.

Zugegeben, zuerst dachte ich, ich sei auf dem falschen Planeten gelandet. Wie ihr noch nicht wisst, hatte mein Raumschiff einen Heckschaden über dem Mars und ich musste zur <Würg> Erde zurückkehren. Um nicht aufzufallen, habe ich mich erneut als Erdenkind getarnt, diesmal mit einem besonders freundlichen Auftreten als Friedolin Fröhlich.

Stellt euch vor, es gab doch gute Homo Sapiens auf der Erde! Ich hätte es nicht für möglich gehalten! Ich habe erneut eine Woche hier verbracht und muss euch ausführlich davon berichten: Wieder einmal versuchte ich mein Glück auf einer irdischen Lernanstalt.

1. Tag – Montag, 20. August

Ich fuhr mit diesem altmodischen Fossil, das die Menschen früher „Eisenbahn“ nannten und jetzt „Bahn“ nennen, zu einer weit entfernten Schule namens „Alles Gut Schule“.

Dort angekommen, war ich zuerst noch sehr misstrauisch. Aus meinen bisherigen Erfahrungen mit Menschen, redete ich mit meinen neuen Mitschülern wenig und wollte ihnen keinerlei Schwäche von mir zeigen. Ich fürchtete, ich würde bei den Erdenbewohnern wieder als "unnormal" und "behindert" gelten.

Zunächst beobachtete ich die neue Klasse genau: Hier gab es viele verschiedene Humanoiden. Es gab sogar wirklich einen „Spaß“tiker in meiner Klasse. Spastisch hatte aber nichts, wie ich zuerst dachte, mit Spaß haben zu tun, sondern bedeutete, dass eine Person von Geburt an körperlich eingeschränkt war und sich nicht richtig bewegen konnte. Das klang traurig, war es auch!

Ich verstand mich besonders gut mit Max Krieger. Es existierten sogar zwei Maxe: Der andere, der etwas faul war, hieß Max Butterblume. Mit Krieger verstand ich mich gut, gerade weil er auch etwas verrückt war.

Ich war sehr überrascht, dass es an dieser Schule offenbar keine nennenswerten Chaoten gab. Gut, abgesehen von Antonio Paulus, der selbsternannten "Nervensäge“. Oder Jan, der sehr schlecht sehen konnte, aber dafür der Größte in der Klasse war und ein echter Chaot dazu.

Diese Menschenklasse sagt meistens die Wahrheit, wenn ich sie etwas gefragt habe. Hier hat mich keiner angelogen. Ich hatte ja damals die Erfahrung gemacht, dass die Menschen an meiner ehemaligen Horrorschule mich immer angelogen haben, wenn ich nach der nächsten Stunde oder nach dem Weg zu den verschiedenen Arbeitsräumen fragte.

Früher leiteten mich die Erdenbewohner auf meine Fragen extra zu falschen Räumen, damit ich Ärger bekam und als „blöd“ angesehen wurde.

Die Lehrer an der „Alles Gut Schule“ waren viel netter. Früher hat es keinen interessiert, wie es mir ging, solange ich nicht den Unterricht störte. Jetzt dagegen bestürmen mich die Lehrer regelrecht und fragten regelmäßig nach meinem Befinden.

Und das Beste: Ich bekam hier sogar einen eigenen Privatsekretär, Zivi genannt, der mir beim Aufschreiben zur Seite stand und mir jeden Wunsch erfüllte. Ich hatte schon erwogen, ihn zum Flottenführer unseres Planeten zu befördern.

Allerdings war mir noch nicht ganz klar, ob ich wirklich wieder zu meinem Heimatplaneten zurückfliegen sollte. Ich fühle mich mittlerweile auf der Erde richtig wohl, fast genauso wie auf meinem Heimatplaneten!

2. Tag – Dienstag, 21. August

Es war wieder mal ein heißer Tag!

Heute unternahmen wir in der Schule einen Wandertag. Die Lehrer änderten ihr Fach in "Wandern" um und berichteten, was es auf dem heißen, ungemütlichen Weg zu sehen gab.

Am Nachmittag war ich im Wald und hatte Kaulquappen gesucht. Kaulquappen sind Vorläufer der Frösche. Frösche sind Amphibien, mit etwas feuchter Haut. Leider werden ihre Schenkel von bestimmten Menschen als Nahrung angesehen. Ich finde Frösche sehr interessant; schließlich hat sich der Mensch aus diesen Tieren entwickelt, auch wenn es sehr, sehr viele Epochen gedauert hatte (was bei dieser Spezies ja nicht verwundert!).

3. Tag – Mittwoch, 22. August

Heute hatte ich Besuch von einem Klassenkameraden namens Martin. Er ist sehr nett. Ich fragte mich insgeheim, ob er wirklich ein Humanoid war oder womöglich genau wie ich... ?

Allerdings habe ich ihn noch nie mit sechs Beinen gesehen und meine Erdenmutter musste ihn mit dem altmodischen Gefährt namens Automobil abholen (er besaß also kein Raumschiff).

Er sagte, er sei 17 Jahre alt, könnte aber auch 3000 Lichtjahre alt sein, wer weiß?

Wir spielten Yu-Gi-Oh-Karten, ein Spiel, das Abbildungen von Aliens und Monstern zeigt, die sich gegenseitig zerstören. Das war nichts Blutiges; aber es ist irgendwie schon seltsam, wofür sich die Menschen so interessieren.

4. Tag – Donnerstag, 23. August

Die Menschen meinen, dass wir Außerirdischen immer zu solchen Vierbeinern zur Therapie gehen sollten, auf sie drauf klettern und hoffen, dass wir nicht wieder runterfallen. Diese Lebewesen heißen Pferde. Sie knabbern gerne an meinen äußeren Hautlappen, auch T-Shirts genannt.

Bei dieser Art von Therapie läuft das Pferd einfältig im Kreis herum, während ein Humanoid oben drauf sitzt und versucht, nicht runterzufallen.

Die Reitlehrerin Frau Klotz war immer ausgesprochen streng mit dem Pferd und mir. Sie jagte das Tier im Galopp (das entspricht dem dritten Gang bei einem Mini-Raumschiff) immer im Kreis herum, und ich durfte mich nicht mit meinen acht Armen festhalten (pardon, ich hatte vergessen, dass ich auf der Erde ja nur zwei Arme besaß).

Heute war ein Reitturnier. Da zeigt man den unwissenden Umstehenden, dass sie das Glück haben, nicht selber auf dem Vierbeiner sitzen zu müssen.

Und ausgerechnet heute war mein Gaul (ein etwas eigenwilliges Wort für Pferd) im wahrsten Sinne des Wortes "durchgegangen" (keine Sorge, ich trinke wie alle Außerirdischen keine irdischen Giftwässer wie Alkohol). Das Pferd hatte aber wohl selbst zu tief in das Glas, bzw. den Trog, geschaut. Es war sehr missvergnügt und hatte eine unsoziale Art, mir zu sagen, dass es ihm nicht gefiel, als ich rückwärts auf ihm ritt. Es versuchte mich abzuwerfen. Aber das ließ ich mir nicht gefallen, krallte mich an der Mähne fest und blieb mit aller Kraft oben sitzen.

Ohne nennenswerte Verletzungen wurde mir der 1. Preis für diese lächerlichste Art zu galoppieren verliehen. Die Menschen nannten es „Rodeo“ und klatschten!

Ich rate euch Freunden da oben: Bitte nicht nachmachen!

5. Tag – Freitag, 24. August

Heute gab es einen komischen Brauch in der Schule zu beobachten, der hieß „Abischerz“.

Die Schüler hatten Toilettenpapier im gesamten Treppenhaus verstreut. Und ich dachte immer, das sei nur für gewisse Räume bestimmt!

Und dazu gab es einen Rodeo-Stier. Ich hätte lieber die Sache von gestern mit dem Pferd für mich behalten. Aber der Abi-Rodeo-Stier war nichts im Vergleich zu dem echten Gaul. Dieser war aus Holz. Wer so dämlich war, da rauf zu klettern, um herunter geworfen zu werden, der musste eine "Meise" haben (eine Meise ist zwar ein Vogel, aber damit ist gemeint, dass einer etwas gegen besseres Wissen tut).

6. Tag: Samstag, 25. August

Heute passierte etwas, von dem ich euch berichten muss! Es fing ganz harmlos an: Ich war gerade unterwegs, als ich plötzlich lautes Schreien vernahm, das aus einem Gebäude kam, das wie ein umgekippter Hundenapf aussah, nur gigantischer! In Inneren dieses Hundenapfes schrien viele Menschen laut auf, und es blitzte merkwürdig.

Natürlich dachte ich sofort, jemand wäre verletzt worden und näherte mich dem Gebäude, um notfalls Erste Hilfe leisten zu können.

Die Menschen wirkten wie ein riesiges rot-gelbes und grünes Meer. Ich besorgte mir die Kleidung, die auch die Menschen dort tragen und schmuggelte mich ohne Probleme in das sogenannte „Stadion“ hinein. Dort setzte ich mich zwischen die Anderen.

Aber alle sahen mich so merkwürdig, ja regelrecht schockiert an. Mir wurde ganz kalt: Hatten sie mein Geheimnis gelüftet? Einige guckten mich richtig angriffslustig an! Da bemerkte ich, dass sie nicht mein Gesicht sondern meine Kleidung anstarrten. Alle außer mir trugen (mitten im Sommer wohlgemerkt) dicke, warme Schals und Pullover in derselben rot-gelben Farbe und schwenkten kleine Fähnchen.

Ich dagegen trug ein grünes Hemd, welches auf der anderen Stadionseite in Mode zu sein schien. Schnell erhob ich mich und setzte mich zu den anderen Menschen gegenüber, die dieselbe Farbe trugen wie ich.

Einer klopfte mir auf die Schulter und sagte „Wir werden gewinnen!“, was mich sehr erschreckte: War ich hier in einen Krieg hinein geraten?

Zum Glück schien in diesem Kampf nur die Lautstärke der Menge eine Waffe zu sein, die immer aufheulte, wenn an den Randbalken etwas geschah.

Interessanterweise hatten die Menschen der Natur ein kleines unbebautes Stück Rasen gewährt, auf dem einige Menschen herumrannten, um wie kleine Kinder einen Ball zu treten und in ein Holzgestell mit Fischernetz zu schießen. Erst wusste ich nicht, wodurch sich die sogenannten Balltreter von den Zuschauern unterscheiden. Dann bemerkte ich, dass diese weder Schals noch Fähnchen hatten. Im Gegenteil, sie waren sogar richtig sommerlich angezogen und trugen kurze Hosen, so wie es sich für die Jahreszeit gehörte. Außerdem waren sie nicht so beleibt wie die schalbekleideten Menschen.

Ein netter Humanoid erklärte mir die Besonderheiten dieses sogenannten "Fußballspiels". Aber irgendwie schienen mir die Regeln dieses Spiels nicht sehr durchdacht zu sein: Egal welche Farbe gewann, fast immer kam es zu Reibereien zwischen den Zuschauern nach Ende des Spiels!

Eine unbeliebte Menschenform im Stadion war der sogenannte "Schieds-Richter", der symbolisch in schwarz gekleidet war: Er pfiff immer in den ungünstigsten Momenten, und alle Spieler blieben stehen und jeder schimpfte, wenn er eine rote oder gelbe Karte gezeigt bekam – dabei schien der Richter gar nichts Beleidigendes auf die Karte geschrieben zu haben, die er vorzeigte.

Irgendwie erinnerte mich das fremde Verhalten dieser Humanoiden an eine primitive Form von Affen, die um ihren Nistplatz konkurrieren. Wenn ich noch einmal in ein solches Stadion gehen sollte, würde ich gewiss Ohrstöpsel und Bücher mitnehmen, damit es mir nicht so langweilig wird.

Ein weiterer seltsamer Mensch im Spiel war der Tor-Wärter: Er stand immer vor einem Holz-Zaun und wartete darauf, dass der Fußball in seine Nähe kam und er ihn packen konnte. Er behielt das Lederstück aber nicht, sondern trat es gleich wieder mit den Füßen weit weg von sich.

Wenn er den Ball nicht festhielt, war er dementsprechend frustriert – ein Teil der Spieler war dann auch nicht glücklich! Dabei konnten es die Zuschauer nicht erwarten, dass der Tor-Wärter den Ball wieder zurück ins Stadion schoss!

Komische Sitten hatten die Menschen, dass steht schon mal fest. Ich glaube, diese Spezies ist wirklich etwas seltsam!

7. Tag und letzter Tag – Sonntag, 26. August

Eine Sache stank mir auf dem Planeten aber wirklich – und das im wahrsten Sinne des Wortes! - die Raucher. Wieso rauchten „Bekloppte" (ein anderes Wort für rücksichtslose Menschen) gerade an Orten, die dringend sauber bleiben sollten wie Toiletten und Bahnhöfe?

Heute war ein echt heißer Tag. Der Flüssigkeitsverbrauch von meinem Körper war deutlich stärker als an anderen Tagen. Mittlerweile hatte ich auch endlich den Schock vom Pferd und dem "Rodeo" halbwegs verkraftet. Wenigstens war hier alles etwas kleiner als auf unserem Planeten!

Auch der irdische Glaube an Gott verwunderte mich öfters. Ich staunte immer wieder über komische Sitten der Menschen: Sie beteten früher eine Art Supermenschen namens "Gott" an, dessen Sohn Jesus hieß, der in den Wolken lebte und zaubern konnte, was für unsere Spezies ja selbstverständlich ist. Schließlich leben wir über den Wolken – und darüber hinaus. Heute glaubt kaum einer der Menschen mehr an ihn. Trotzdem sagten sie noch „Gott sei Dank", wenn man Glück hatte.

Ich hatte heute einen alten Schulkameraden aus der ehemaligen Horrorschule getroffen. Er war überraschenderweise ganz nett zu mir, aber in der Öffentlichkeit waren die Menschen oft anders, als sie wirklich waren. Nichts ist hier so, wie es scheint!

Ich bemerke auch, dass ich als Außerirdischer ganz schön viele Rechtschreibfehler mache. Aber Fehler waren eben auf der Erde auch menschlich.

Durch einen Rechenfehler entstand die Zeitrechnung der Erdlinge. Sie meinten, der Sohn Jesus des Supermenschen sei im Jahre 0 geboren, aber in Wirklichkeit wurde er 5 bis 8 Jahre später geboren. So war die ganze irdische Zeitrechnung falsch: Wir hatten heute nicht 2007 auf der Erde, sondern erst 2002 oder vielleicht auch erst 1999! Vielleicht stecken da noch mehr Fehler drin?

3. Kapitel: Eine klasse Fahrt

Meine Abfahrt mit dem zivilisierten Volk

Das dachte ich zumindest...

Ich war furchtbar aufgeregt. Heute am 17. September sollte die einwöchige Reise nach Italien stattfinden. Eine klasse Fahrt? Nein – es sollte eher eine Fahrt mit einer Klasse sein.

Sicher schüttelt ihr da oben die Köpfe darüber, dass ich so eine plumpe Idee wirklich in die Tat umsetze! Aber da ich das Menschenvolk bisher in allen Gruppen studiert habe, musste ich auch herausfinden, wie sie ohne lichtgeschwindigkeitsbetriebene Raumschiffe gemeinsam verreisen. Sicher, es gab auch hier schon Raketen, aber die waren noch nicht für die Normalreisenden freigegeben.

Da hockte ich also mit Teenager-Kram auf dem planierten Boden in der Nähe der Schule und wartete. Worauf? Nun – auf den Schulbus natürlich!

O.K. Ich fange am besten von vorne an. Meine Klasse sollte mit mir und ein paar Gelehrten (die aber nur Lehrer genannt werden) mit einem Gefährt namens Bus nach Italien fahren. Natürlich waren die Erdlinge noch so rückständig und langsam, dass eine Fahrt dorthin über 24 Stunden in Anspruch nahm.

Das Warten allein war schon unangenehm, weil einige selbstschädigende Erdlinge höheren Alters mit ihren Nikotin-Zigaretten die (nicht gerade gesunde) Luft noch weiter verschmutzten. Wie gerne hätte ich meinen Sauerstoffreiniger übergezogen, aber leider reagierten Erdlinge immer verblüfft und teilweise misstrauisch, wenn der Kopf von jemandem durch eine Kapuze geschützt wurde. Warum?

Irgendwann kam dann der Bus. Da ich nicht zeigen durfte, dass wir Kleidung verkleinern können, um Platz zu sparen, schob ich einen riesigen Koffer mit mir herum. Sicherheitshalber hatte ich gegen die zu erwartende Langeweile 30 Bücher zum Lesen eingepackt.

Wir mussten noch eine weitere Stunde warten, weil unser Busführer von den Gesetzeshütern dabei ertappt wurde, wie er mit Alkohol im Blut das Gefährt lenken wollte, bzw. nicht in der Lage war, dies anständig zu tun.

Ihr seht, die Menschen brauchen für ihre Sicherheit die Gesetzeshüter; wir dagegen kommen zivilisiert ohne sie aus! Übrigens war der Busführer gar nicht erfreut, dass die Gesetzeshüter ihn (und vor allem mich und der Rest der Klasse) davon abhielten, mit ihm loszufahren und uns in Gefahr zu bringen. Als der Reserve-Busfahrer nach einer Stunde kam, war auch der Rest meiner Mitschüler endlich angekommen.

Am Gardasee

Als wir nach stundenlanger Busfahrt im Hotel in Italien ankamen, hätte ich am liebsten nur geschlafen. Aber das erlaubten die Erdenbürger nicht! Selbst Mathias, mit dem ich sonst gut klar kam, spritzte mich einfach mit Wasser nass! Das passiert hier auf der Erde, wenn man sich nicht wehrt, wie im Hyänenrudel: Die Schwachen werden fertig gemacht!

Wieder einmal fiel mir auf, dass die Menschen irgendwie den Hang dazu haben, pausenlos rumzualbern, sobald es zu still um sie wird.

Ehrlich gesagt, wäre die Klassenfahrt ohne diese störenden Individuen nicht ganz so anstrengend gewesen!

Schüler auf Klassenfahrt

Die Klassenfahrt war sehr hektisch!

Es war auch sehr heiß in Italien, wie es wohl immer dort ist!

Wir fuhren von einer sogenannten Sehenswürdigkeit zur nächsten ohne anzuhalten. Die Schüler redeten pausenlos ohne aufzuhören! Ich hatte nie meine Ruhe! Wenn sie nicht redeten, ließen sie laute Musik aus ihren Geräten laufen. Auf meine Bitte, die Musik leiser zu machen, reagierten sie nicht. Auch abends gegen Mitternacht lief die Musik weiter, und ich konnte nie einschlafen.

John und Rudolf versuchten erneut, mich für sich zu gewinnen – das heißt, mich dazu zu bringen, dass zu tun was sie als "cool" betrachteten. Ich fragte mich, was ich den beiden getan hatte. Selbst wenn sie mich in Ruhe ließen, tuschelten sie immer "hinter meinem Rücken" (natürlich nicht wörtlich, das sagt man, wenn sie in meiner Nähe waren und sich über mich kaputt lachten). Sie meinen, ich wäre überempfindlich und verstände keinen Spaß! Was verstanden sie denn unter Spaß?

Fazit

Insgesamt war es eine unangenehme Erfahrung! Liebe Brüder, ich warne euch: Nehmt nie an einer Klassenfahrt teil! Die Menschen hören ständig laute Musik. Ihr könnt es euch nicht vorstellen! Es ist eine Tortur!

Ich kann jetzt nicht weiter darüber schreiben, sondern muss mich erst einmal von der anstrengenden Klassenfahrt und dem damit verbundenen Lärm erholen!

4. Kapitel: Schulterror

Lehrer

Leider muss ich euch mitteilen, dass es mir nicht mehr so gut geht. Ich beging den Fehler, erneut eine weitere Bildungsanstalt der Erdlinge zu besuchen.

An dieser neuen Gesamtschule wurde ich sogleich in die Form des "Nachsitzens" eingeführt. Da ich in Naturwissenschaften meine Hausaufgaben vergessen hatte, bürdete mir der Lehrer Herr Donnergroll Nachsitzen auf. Das bedeutete, dass ich noch eine weitere Stunde in diesem Schulgebäude ausharren musste. Dabei war es mit der Technik der Erdlinge sowieso schon eine Tortur, früh nach Hause zu kommen. Die "Straßenbahnen" (prähistorische unpraktische Fahrzeuge) benötigten etwa eine Stunde, bis sie einen nach Hause gebracht hatten.

In der großen Pause konnte ich mich leider auch nicht erholen, da mir Mitschüler öfter Klebestreifen ins Haar schmierten. Niemand half mir!

Der Mathematiklehrer war der Wächter der Ordnung. Er überschüttete mich mit Hausaufgaben. Er war außerdem eine Bedrohung, weil er dazu neigte, mir unangekündigt auf die Schulter zu schlagen. Dadurch war ich die ganze Stunde über auf der Hut, seinen Schulterschlägen zu entkommen und verpasste so leider die uninteressanten mathematischen Formeln, die er in der nächsten Klassenarbeit alle abfragen wollte.

In dieser Schule ging man nur sehr bedingt auf meine Schwächen ein. Eine Lehrerin namens Frau Moser dachte ernsthaft, ich würde meine Ohrenstöpsel bei Lärm im Unterricht nur tragen, um einen Hypochonder, einen simulierenden Menschen, zu spielen.

Tatsächlich wollten viele Lehrer nicht über die Zustände in ihrer Klasse belehrt oder kritisiert werden. Daher war es auch verboten, den Unterricht auf Video zu bannen.

Ich hatte jetzt sogar eine Stunde pro Woche mehr Unterricht, weil die Lehrer vorgaben, sie würden hier den schwächeren Schülern helfen. Obwohl dies keine Schulstunde mit Notenbewertung war, bestand Anwesenheitspflicht und es gab zusätzliche Hausaufgaben zu erledigen. Gelernt hatte man in dieser Stunde selbstverständlich rein gar nichts! Und geholfen wurde mir hier auch nicht!

Insgesamt hatten die Lehrer nie Zeit für mich! Ich war ja nur ein Außerirdischer, der sie nicht besonders interessierte!

Sportunterricht

Obwohl Jugendliche in der Pubertät eigentlich nur wenig Fett ansetzen, unterrichtet man in unserer Schule eine Art Strapazierunterricht, wo wir die Kunst des Sportes kennenlernen sollen. Allerdings war die Gefahr von Körperverletzungen hier besonders hoch. Bisher wurde meine Brille bereits drei Mal im Unterricht zerstört. Als meine Erdeneltern sie ersetzt bekommen wollten, sagten die Lehrer, das ginge nicht, denn ich sei wegen meiner Ungeschicklichkeit selbst Schuld daran. Aber ich war überhaupt nicht interessiert daran, mich zu strapazieren!

Meistens hatte ich Rückenschmerzen nach dem Schultag, weil meine Schultasche (oder wie ich es nenne, Materialienrucksack) extrem schwer war. Meine Mitschüler und Lehrer an der Schule hatten wenig

Verständnis dafür. Sie meinten, sie hätten es genauso schwer wie ich. Das war doch ungeheuerlich! Zum einen war ich nämlich der einzige Schüler, der kein Schließfach in der Schule hatte, wo man schwere Bücher ablegen konnte. Denn als ich als Außerirdischer an diese Schule kam, waren bereits alle Schließfächer vergeben. So musste ich täglich sämtliche Bücher mitschleppen, was ein Gewicht von 20 Kilogramm bedeutete. Außerdem hatte ich den längsten Schulweg von allen und musste drei Mal umsteigen.

Kochunterricht

In der Schule hatten wir sogar einen Kochkurs, wo wir lernten, eigenständig Essen zuzubereiten. Besonders interessant war der "Hamburger" (nein, wir haben keinen Menschen aus Hamburg gebraten), eine Art Brot, bei dem man einen gebratenen Fleischbrei dazwischen quetschte und ihn zusammen mit Gurken und (leider auch) Käse und Zwiebeln aß. Offenbar war dieses Produkt Kult bei den Menschen, da es jeder in meiner Klasse kannte und gerne aß (außer mir). Solche fremdartigen Speisen esse ich natürlich nicht.

Ferien

Eine gute Sitte an dieser Schule, so wie auch an anderen Schulen, waren die Ferien. Man unterschied dabei zwischen verschiedenen Ferien: Es gab Oster-, Sommer-, Herbst- und Weihnachtsferien.

Leider mangelte es in der Vor-Ferienzeit in der Schule bei den Lehrern wie Schülern deutlich an Motivation. Dann herrschte ständig Radau. Die Lehrer gaben es bereits lange vor Beginn der Ferien auf, den Schülern auch nur irgendetwas beizubringen. Stattdessen wurden nur noch Unterhaltungsfilme gezeigt, und der Unterricht fiel aus. Dabei könnte ich mir die Videofilme genauso gut zu Hause ansehen. Dafür musste ich doch nicht extra in die Schule gehen! In der Schule sollte man doch etwas lernen!

Der höllische Schulweg

Ich berichte euch einmal vom täglichen Ablauf meines Schulweges:

Der Wecker klingelt morgens. Verärgert dachte ich wie jeden Morgen daran, ihn rüde für alle Zeiten verstummen zu lassen, doch war ich wie immer zu vernünftig, und stellte ihn sanft ab. Immerhin brauchte ich ihn ja morgen wieder!

Hastig stieg ich aus dem Bett und begann mit der morgendlichen Kleidungskontrolle: Fußball-T-Shirt? Schnell weg damit! Ich wollte nicht schon wieder rechtfertigen, warum ich kein Fan des BVB war (das war einer von vielen Fußballclubs, dessen Kenntnis für die Erdlinge wichtig zu sein schien).

Dann ab in die Küche! Obwohl sich mein Appetit in Grenzen hielt, schluckte ich das Frühstück schnell hinunter.

Danach musste ich rasant zur U-Bahn rennen. Leider schloss sich die Haustür nicht automatisch nach Verlassen, sondern benötigte auch noch meinen Einsatz. Dann sah ich die U-Bahn. Sie stand. Doch natürlich fuhr sie ohne mich los, gerade als ich über die Straße hechtete. Typisch, na dann eben Warten auf die nächste Bahn!

Beim Umsteigen hielt ich instinktiv nach einem Laden für Gasmasken Ausschau. Die Luft war unter der Erde wirklich schrecklich und das Atmen eine echte Tortur!

Als ich in der nächsten Bahn einen Sitzplatz suchte, half mir meine eingebaute Gefahrenantenne, Betrunkenen und streitsüchtigen Rowdies auszuweichen. Bis ich dann endlich einen freien Platz ergattert hatte, war ich bereits an meinem Ziel angekommen und musste aussteigen.

Beim Aussteigen knirschte der Schmutz der Menschen unter meinen Schuhen. Dann waren schon die ersten Schüler zu sehen. Ich wich denen geschickt aus, die mir zu fest auf die Schulter schlagen würden und erreichte unbeschadet den Klassenraum. Dort machten die höhnischen Blicke der anderen mein Zuspätkommen umso peinlicher. Ich entschuldigte mich und setzte mich neben den einzigen Jungen, der nicht auf seinem Stuhl wie ein kleines Kind kippelte. Der Unterricht hatte begonnen.

Lernen

Das Lernen für die Schule auf diesem Planeten war schon sehr merkwürdig: Manchmal kam ich mir hier vor wie auf einem Laufband. Ich strengte mich so für meine Zensuren in der Schule an, kam aber überhaupt nicht weiter! Ich lernte und lernte, aber meistens lernte ich immer genau das Falsche, was später gar nicht gefragt wurde. Andere Schüler dagegen ruhten sich aus, redeten im Unterricht, lernten ganz selten, schnappten aber genau das Richtige auf, was abgefragt wurde und kamen so gut durchs Leben.

Während ich auf fast jeden Mitschüler Rücksicht nahm, respektierten dagegen nur wenige meine Bedürfnisse.

Es belastete mich sehr, dass die Lehrer immer androhten, sie würden randalierende Schüler aus dem Klassenraum hinauswerfen, es jedoch nie wahr machten. Dadurch wurden diese Schüler noch lauter. Das war sehr anstrengend für mich! Solch einen Dauerkrach war ich nicht gewöhnt von unserem Planeten.

Ich glaube, viele der Mitschüler waren auch neidisch, weil ich spezielle Rechte bekommen hatte (das nannten sie "Nachteilsausgleich") und versuchten, mir die Freude daran zu nehmen. Viele behandelten mich, als sei ich ein störrischer, egoistischer Esel, der nichts tat, was die anderen wollten, z. B. sollte ich immer mein Essen oder Trinken an die Randalierer abgeben.

Es wurde gewissenlos gestohlen: Einige schwere Bücher hatte ich einmal in der Schule für den nächsten Tag liegen lassen, und sie waren dann spurlos verschwunden. Das gab Ärger für mich! Meine Erdeneltern mussten alle Bücher ersetzen!

Wegen meiner Lernprobleme durch den Krach der Mitschüler befürchtete ich schon, dass man mich auf ein Internat schicken würde. Das ist eine Schule, wo man zusätzlich auch noch übernachten musste. Da hätte ich ja gar keine Ruhe mehr vor den lauten Jugendlichen! Eine grausame Vorstellung!

Mitschüler

Besonders grausam war, dass man in der Schule nicht weinen durfte. Wer weinte, zeigte Schwäche und wurde deshalb immer weiter geärgert.

Ich hatte festgestellt, je schlechter gelaunt ich war, desto glücklicher schienen die anderen zu sein. Ein Lächeln von mir galt für sie als Überheblichkeit.

Mir war aufgefallen, dass Kevin, ein Klassenclown, der sich immer aufspielte, im Mathematikkurs seltsam ruhig war und sogar soziales Benehmen an den Tag legte. Hier war er nicht mit seinen alten Kumpels zusammen, sondern mit Schülern aus den Parallelklassen.

Das brachte mich auf folgende Theorie: Idiotisches Verhalten, wie es für Rowdys und Klassenclowns typisch war, braucht eine Gruppe. Schüler, die eigentlich intelligent waren, spielten sich vor Mitschülern auf und störten den Unterricht, um nur nicht als Streber zu gelten. Die Jugendlichen hatten eine heillose Angst, dass ihr kleines bisschen Leistung entdeckt würde. Daher verdrängten und verteufelten sie alle, die ihr Streben nach Unordnung und Chaos in Frage stellten und sich öffentlich trauten, sich im Unterricht zu melden. Das daraus keine gute Gemeinschaft werden konnte, ist ja wohl glasklar! Meistens lümmelten und schaukelten die Mitschüler auf ihren Stühlen herum, während die verzweifelte Frau Kreidebleich immer schwarz sah, wenn sie die Zukunft ihrer Schützlinge als Erwachsene beschrieb. Da konnte ich sie eigentlich nur unterstützen!

Ich hatte mir eine Liste von Leuten gemacht, die mich aufregten, damit ich meinen Frust zu Hause an einem Boxsack auslassen konnte. Dieses Teil war eine sehr gute Erfindung der Menschen!

Überlebensmethoden

Irgendwann ging es mir etwas besser, denn ich hatte eine Methode entwickelt, mit der ich die Anwesenheit meiner Mitschüler besser ertragen konnte: Ich musste mir nur klarmachen, dass sie alle etwas minderbemittelt waren. Sie hatten ja nicht so viel Wissen wie ich als Außerirdischer. Dann fühlte ich mich wieder etwas besser. Dadurch konnte ich die anderen als tölpelhaft und lustig wahrnehmen, und nicht mehr nur als boshaft oder zerstörerisch.

Auch mein neuer Mathelehrer heiterte mich auf: Während der alte immer wie in einer Militärschule redete: "Brust vor! Bauch rein! Maul zu! Ohren auf!", war der neue Herr Friedheim viel netter, sensibler und langsamer – genau richtig für mein Arbeitstempo!

Des Weiteren hatte ich eine tolle Freizeitmöglichkeit entdeckt: meinen Flummi. Ich warf einen Ball aus Vollgummi auf den Boden, er sprang mit physikalischem Gegendruck hoch, und ich versuchte, ihn in der Luft zu fangen. Das machte lockerer und hob die Stimmung. Dadurch wurde ich den Alltagsstress los.

Aber es gab natürlich noch immer schlechte Zeiten, wie die Förderstunde Englisch. Obwohl Frau Schwartenfeger uns dort nicht benotete, herrschte Anwesenheitspflicht. Dabei könnte ich so gerne noch etwas länger schlafen. Außerdem war immer totales Chaos im Unterricht, der gar kein richtiger Unterricht war, weil Schüler aus allen Klassen zusammenkamen und sich lautstark amüsierten.

Ich hoffe, ihr seht meine Aufzeichnungen nicht als Aufforderung an, auch hierher zu kommen (SO gut ist es hier noch lange nicht). Im Ernst, bleibt da oben, wo ihr seid am Himmelszelt! Ich komme auch bald zurück!

Schulentlassung

An dieser Stelle muss ich etwas abschweifen und euch von einem bedeutungsvollen Erlebnis erzählen: In der Schule fand eine Feier zu Ehren derer statt, die es nicht soweit geschafft hatten, dass sie dort weiterlernen durften, und die deshalb (mich eingeschlossen) das Gebäude für immer verlassen mussten.

Jedenfalls war meine Erdenmutter da ganz erstaunt, wie beliebt ich in den letzten Tagen geworden war. Dies hatte jedoch nichts mit meiner Kleidung oder meiner Frisur zu tun, sondern mit folgendem Ereignis:

In den letzten Tagen war bei der Englischlehrerin Frau Traube der Klassenlärm immer mehr angeschwollen, doch sie ignorierte es hartnäckig. Daraufhin platzte mir der (Hemd)Kragen (nicht wörtlich nehmen: Ich hatte einfach die Nase voll. Nein! Ich war auch nicht erkältet, sondern ich hatte richtige Ohrenschmerzen und in dem Moment gar keine Sympathie für sie). Daraufhin brüllte ich sie an: „Merken Sie nicht, dass alle Radau (das bedeutet: Lärm) machen, Sie blindes Huhn?“ Zugegeben, das war nicht besser als das Niveau der anderen Mitschüler, und auch wenn sie wirklich eine leichte Ähnlichkeit mit diesem geflügelten Tier hatte, so war das natürlich nicht nett, sie blind zu nennen! Aber es war mir trotzdem in dieser Situation einfach so herausgerutscht. Die ganze restliche Klasse spendete mir spontan großen Beifall. Es herrschte plötzlich eine gute Stimmung unter den Mitschülern. Zur Strafe musste ich eine schriftliche Erklärung abgeben, warum die Lehrerin immer Recht hat und warum ich Lehrerinnen nicht beleidigen durfte.

Aber das Wichtigste war, dass mein ehemaliger Ruf als Langweiliger und perfekter Sonderling (sprich: "Streber") von diesem Moment an vollkommen zerstört war. Alle waren auf einmal viel netter zu mir. Ich galt als "cool" (was immer das bedeuten mag!) und war auf einmal beliebt! Das machte es mir irgendwie schwer, lange Reue für meine unbeherrschte Äußerung zu bekunden.

Fazit

Außerirdisch zu sein, hat hier wirklich seine Schattenseiten! So hatte ich jeden Tag in der Schule Angst, dass ich etwas falsch machen würde. Manchmal wusste ich nicht, wohin ich sehen und ob ich die Hände in der Tasche lassen sollte. Ich beobachtete ganz akribisch die Mitschüler, wie sie sich verhielten. Aber ich wusste nie genau, was ich davon abgucken konnte und was nicht. Man bekam leider keine klaren Angaben dazu. Trotz aller Anstrengungen machte ich leider oftmals alles falsch.

Liebe Brüder, ihr würdet es hier auch nicht verstehen!

5. Kapitel: Weitere Schulexperimente

Das nächste Experiment

Liebe Brüder im All, ich habe also schon wieder die Schule gewechselt! Ich weiß, ich weiß, das sollte nicht zur Gewohnheit werden. Aber die Lehrer haben mir keine Wahl gelassen. Ihr wisst ja, an meiner alten Schule musste man bessere Noten als "ausreichend" schaffen, um auf der Schule bleiben zu dürfen. Dabei hieß doch "ausreichend", dass es ausreicht! Oder heißt es etwas anderes?

Da es gegen unseren galaktischen Ehrenkodex verstößt, bei Klassenarbeiten zu schummeln, wie es die Erdenmenschen alle tun, genügte ich leider den Anforderungen nicht.

So war ich also wieder auf einer neuen Schule gelandet. Diese war in vielerlei Hinsicht außergewöhnlich. Es gab viele positiven Veränderungen, aber auch Negatives.

Eine Sache, die besonders kurios und witzig war, war die Namensgebung der Lehrer: eine hieß Frau Pieceful, der Mathelehrer hieß Gottlieb und die Chemielehrerin Frau Ehrlich. Bei Frau Pieceful schien der Name aber eher ironisch gewählt zu sein, denn sie war ausgesprochen streng und unpersönlich, weshalb ich mich immer fragte, warum sie ausgerechnet diesen Namen trug.

Meine Mitschüler waren von der Anzahl her eher weniger als auf der alten Schule. Ich musste auch nicht dauernd die Räume wechseln, nur für Französisch. Auch musste ich nicht mehr so viele Materialien schleppen wie früher. Da kam ich mir ja immer wie ein Profi-Bergsteiger vor! Mein Schulweg bzw. meine Bahnfahrten waren jedoch deutlich länger geworden. Erst einmal warte ich noch ab, ehe ich euch Näheres in den Kosmos schicke. Grüßt die Sterne, ich vermisse euch sehr!

Schulbegleitung

Ich werde euch nun noch etwas mehr über mein weiteres schulisches Leben berichten. Denn darüber könnte ich mittlerweile wirklich "ein Buch schreiben".

Meine Schule, die wie ihr wisst, sehr weit weg liegt, also nicht gerade "vor der Tür", verweigerte sich, mich so aufzunehmen, wie ich war. Es gab wieder einmal großen Stress mit Mitschülern und mit Lehrern, weil die einfach nicht erkannten, wie man mit mir umgehen musste: höflich, respektvoll, ehrlich!

Um meine geheime Mission als Außerirdischer nicht zu gefährden, hatte ich wegen des Stresses in der Schule darauf bestanden, dass ich einen Leibwächter, sowie Berater und Wegweiser zur Unterstützung der schultypischen Aktivitäten erhalte. Ja, selbst auf so einem primitiven, hohlen Klumpen wie der Erde gab es so etwas! Das heißt hier "Schulbegleiter". So einen Leibwächter hatte ich ja bereits auf meiner früheren Schule.

Schade, dass sie hier so etwas noch nicht den Robotern zutrauten! Auf der Erde musste sich die Maschine immer dem Menschen unterwerfen!

Aber selbst diese freiwilligen (was heißt hier "freiwillig"? Sie werden dafür bezahlt!) Humanoiden, die als Schulbegleiter arbeiteten, werden nur nach genauester Untersuchung zugelassen. Es könnte ja sein, dass der Betreffende, der diese Begleitung beantragt hat, es eigentlich gar nicht so schwer hat, ohne es selbst zu wissen. Klingt paradox, ja! Aber in solchen Gedankengängen bewegten sich die Menschen hier! Alles muss hier seine Ordnung haben. Die Ampeln und Untergrundbahnen funktionierten nur, weil es eine Verfassung dafür gibt.

Solange der Konflikt mit der Überprüfung meines Antrages für einen Schulbegleiter nicht geklärt war, (falls er überhaupt je geklärt würde), musste ich zu Hause herumsitzen, herumgehen und herumschlafen, eben "herumhängen" und durfte nichts lernen. Aber ohne den Begleiter wollte und konnte ich auch nicht mehr zur Schule gehen!

Oft erledigte ich dann so „überflüssige“ Dinge für meine Erdeneltern wie Einkaufen oder Briefe einwerfen. Denn jeder von uns brauchte ja Bewegung vor der nächtlichen Ruhestunde, wie ihr genau wisst, meine Brüder.

Momentan möchte ich euch wirklich nicht empfehlen hier zu landen, weil einfach eine schlechte Atmosphäre (sowohl klimatisch als auch emotional) herrscht!

Und wieder eine andere Schule

Ich bin so aufgeregt, ich weiß gar nicht, wo ich anfangen soll. Zu allererst muss ich euch sagen, dass ich glücklicher bin als jemals zuvor: Ich bin jetzt wieder auf einer neuen Schule gelandet. Da das mit der Schulbegleitung an der letzten Schule auch nach langer Prüfung nicht geklappt hat, musste ich mir wieder einmal ein neues Lernhaus suchen!

Und was für eins hatte ich da gefunden! Die war so gut, dass ich ihr den würdigen Namen „Wunderschule“ gegeben habe. Sie war das Gegenteil zu meiner alten Horrorschule.

Ich möchte euch den ehrenwerten Namen meines Lehrers auch noch verraten, es war Herr Weisheit. Herr Weisheit ging sehr genau auf meine außerirdisch bedingten Probleme und Sonderwünsche ein, manchmal sprach er sogar genau das aus, was ich dachte!

Probleme der Jugendlichen

Heute hat er mir viel über die Probleme der Erdengesellschaft erzählt. Stellt euch vor: Kein Mensch auf der Erde durfte fröhlich und pfeifend über die Straße gehen ohne als "geistig gestört" zu gelten. Mir war auch schon oft aufgefallen, dass tatsächlich die meisten Gesichter im grauen Alltag farblos und missmutig waren. Anstatt auf sich selbst einzugehen und etwas abwechslungsreiches zu tun, vertrödelten viele Erdenmenschen ihre (Lebens-)Zeit mit Nichtstun. Oder sie randalierten aus Langeweile. Ordnung galt als unverdient, gute Laune als Zeichen von Überheblichkeit! So viele Weisheiten an einem Tag hatte ich bis jetzt noch nie von einem Lehrer erfahren!

Da Herr Weisheit selbst Lehrer von vielen Schülern war, erfuhr er aus erster Hand, wie schlimm es um die Jugendlichen hier auf der Erde steht. Die meisten gingen sehr widerwillig zur Schule, nach dem Motto: „Ihr Lehrer seid auf *uns* angewiesen, nicht wir auf *euch*. Also können wir tun, was uns passt!" Manche Lehrer haben deshalb den Kampf gegen diese Schülerverschwörung längst aufgegeben und führen ein Schattendasein in Angst und Unterdrückung! Deshalb konnten sie mir bisher auch nicht helfen, wenn ich von diesen Jugendlichen geärgert wurde!

6. Kapitel: Ethik der Erdenmenschen

Ethik

Die meisten Menschen beschäftigten sich wenig damit, über die Folgen ihres Tuns nachzudenken. Sie nahmen vieles nicht Ernst. Ich hatte beobachtet, dass die immer wieder erwähnte Gleichberechtigung nicht ernsthaft praktiziert wurde.

Die Erdenmenschen waren nicht ohne Tugend - aber leider wurde Tugend mit Geringschätzung gestraft. Zumindest meine jetzige Stadt war zu arm, um sich um das Image auf den Straßen zu kümmern. Das könnt ihr euch nicht vorstellen, Brüder! Alle paar Minuten spuckte jemand auf den Boden, rannte über rote Ampeln oder rempelte einen an. Wenn ich daran denke, dass in anderen Städten auf der Erdenwelt hierfür ein Bußgeld fällig war, wunderte ich mich nur noch über solche Ungehörigkeiten.

Eine weitere Unannehmlichkeit war die Hierarchie: Das Wort eines dienstlichen Vorgesetzten galt vor Gericht mehr als das seiner Untergebenen, selbst wenn der Chef die Unwahrheit sagte.

Wenn man nicht zurechtgewiesen wurde, wenn man etwas Schlechtes tat, wie sollte man dann sozial und harmonisch leben? Ihr kenne keine Antwort auf diese Frage, ihr etwa? Wir Außerirdischen kennen solche primitiven Probleme nun wirklich nicht.

Es gibt nur wenige Philosophen, so wie wir Außerirdischen, die zudem auch von den anderen Menschen ausgelacht wurden. Ich werde euch mal einige Beispiele dazu erläutern:

Schuluniformen

Schuluniformen waren in einigen Ländern der Erdlinge, wie z.B. in England, Standard. Jetzt diskutieren die Menschen in Deutschland die Frage, ob sie auch hier eingeführt werden sollten. Als Außerirdischer kann ich dafür sprechen, denn dann verschwendet man morgens keine Zeit mehr damit, den "richtigen" Pullover zu finden.

Ferner war der Polizei aufgefallen, dass Kleidungsnot oft zu Diebstahl führte. In deutschen Schulen gab es eine Art Wettbewerb, wer die teuerste, angesagteste und auffälligste Kleidung trug, was ich genau beobachtet hatte.

Ein weiteres Argument für Schuluniformen ist, dass Schülern in Deutschland oft das Gemeinschaftsgefühl fehlte, was in England oder anderen Ländern durch die Schuluniform fast schon von alleine entstand. Das Thema Gleichberechtigung würde eine neue Gestalt bekommen.

Eine Schuluniform wurde von einigen schon deshalb abgelehnt, weil es eine Tradition aus England war. Und das Vereinigte Königreich wurde hier oft als altmodisch und gegen den Fortschritt stehend angesehen. Es gibt heute viele Menschen in Deutschland, die eine Einführung von Schuluniformen zu verhindern wissen. Aus deren Sicht führe deren Einführung unweigerlich zu einem Eingriff in die Persönlichkeitsrechte eines Kindes. Sie meinen, die Schuluniform wäre heute ein überholtes Fossil, das aus der Mode gekommen wäre.

Sie sagten, dass es nachteilig wäre, dass immer intakte Kleidung pro Jahr im Durchschnitt mehr kosten würde, als coole Jugendkleidung, die auch schon mal zerrissen sein durfte. Liebe Brüder, ihr könnt euch sicher nicht vorstellen, Kleidung zu tragen, die zerrissen und zerschnitten ist! Aber die Erdlinge machten dies sogar freiwillig!

Besonders beliebt war der Vergleich von Schuluniformen mit dem Militär und seinen Uniformen, wo Drillen für eine eiskalte Gleichheit sorgt. Man sollte aber berücksichtigen, dass z.B. Polizei und Feuerwehr auch Uniformen tragen, was ihnen aber seltsamerweise nicht angekreidet wurde.

Gegen Schuluniformen protestierten besonders die Modedesigner. Das waren Erdlinge, die durch die Meinungsfreiheit von Jugendlichen viel Gewinn durch den Verkauf ihrer Kleidung machen. So etwas kennen wir auf unserem Planeten nicht.

Natürlich bleibt noch die Frage offen, ob Schüler ihre Haare noch mehr verunstalten würden (sie haben jetzt schon alle Farben und alle Formen im Haar), wenn ihnen die Möglichkeit durch Kleidung genommen würde, auffällig zu erscheinen.

Ich persönlich denke, dass Schuluniformen in Deutschland keine Nachteile hätten. Anhand der bisherigen Beispiele aus anderen Ländern, z.B. aus England und Japan, gibt es keinen Grund zu sagen, dass Schuluniformen einen schlechten Einfluss auf das Ego hätten. Es ist eher umgekehrt: Wo es keine Schuluniformen gibt, zerschneiden, bemalen und schmücken Jugendliche ihre Kleidung auf eine Weise, die oft ins Groteske umschlägt.

Auch wenn heute Meinungsfreiheit herrscht, sollte es zwischen dem rebellischen Verhalten im Elternhaus und der guten strengen Atmosphäre in der Schule einen Unterschied geben.

Jugendkleidung hat nämlich auch Bedeutungen: Durch die Aufdrucke auf den T-Shirts wird man angesprochen auf Fußballmannschaften, Lieblingsfilme, Musikgruppen oder Hobbys. Ein Kleidungsstück, das ohne Bild oder Inschrift ist, gibt es kaum noch in Deutschland. Ich hatte mir z.B. ein recht unauffälliges blaues T-Shirt gekauft, das dann das Zeichen einer mir unbekannten Fußballmannschaft zeigte. Daraufhin wurde ich von vielen Menschen auf diese Fußballmannschaft angesprochen.

So sollte man bedenken, ob Kleidungsstücke nicht auch Feindseligkeiten schaffen können, etwa zwischen Fußballfans verschiedener Vereine.

Hinter einer schrägen Kleidung steht meines Erachtens häufig etwas Rebellisches. Eine Clique steht für eine Gruppe, die sich oft ähnlich kleidet. Das lässt mich fragen: Wo ist die Grenze des Erlaubten und wo ist der fließende Übergang?

Da ich mich selbst überhaupt nicht für Mode interessiere, finde ich die Angst vor Gleichschaltung einfach lächerlich. Schuluniformen strahlen für mich etwas Beruhigendes und Vertrautes aus. Liebe Brüder im All, wir kennen Schule nur mit Schuluniformen und wundern uns deshalb über die Menschen. Schuluniformen würden vielleicht auch in Deutschland dazu führen, dass meine Mitschüler etwas zurückhaltender gegenüber Lehrern wären.

Tierliebe

Ich war wieder einmal auf diesem Säugetier Pferd reiten. Dabei erfuhr ich, dass Pferde eine dickere Haut haben als Menschen und andere Tiere und deshalb fester geschlagen und getreten werden müssen, damit sie gehorchen. Das machte mir große Probleme, denn ich hatte hohe ethische Grundsätze, z. B. ein Pferd nicht ohne Grund fest und hart in die Seiten zu treten, damit es dahin ging, wohin ich wollte. Weiterhin erfuhr ich, dass Pferde nur ca. zwei Jahre lang als Schulpferd gehorchen und dann verkauft werden müssen. Dann wären sie nämlich vollkommen ausgelaugt von den vielen Befehlen und dem Anspruch, immer vorsichtig und zurückhaltend mit Reitanfängern umzugehen. Die Pferde wurden dann störrisch. Leider ging ihr Wohlbefinden nicht über den menschlichen Profit. Wenn ein Pferd nicht mehr so funktionierte, wie es die Menschen haben wollten, wurde es abgegeben. Und wo es dann landete, wusste niemand genau.

Eier

Das gleiche gilt für Legehühner: Die Anzahl ihrer Eier ist wichtiger als die Zustände im Käfig. Je mehr Eier gelegt werden, die alle mit Profit verkauft werden können, umso weniger interessierte es die Menschen, unter welchen unwürdigen engen Bedingungen die Hühner existierten. Dadurch wurden biologische Freiland-Eier (Eier auf denen steht, dass die Hennen frei auf einem Hof leben) immer mehr verdrängt oder sogar mit falschen Stempeln versehen.

Das war aber den meisten Menschen egal, Hauptsache sie aßen täglich ein Ei.

Besuch im Zoo

Liebe Brüder, heute hatten mich meiner Erdeneltern in einen sogenannten Tierpark mitgenommen. Dort werden Tiere in Käfige eingesperrt und hinter Gittern gehalten, damit Menschen sie unverhohlen betrachten können und sie nachäffen. Besonders Vögel oder Zuchttiere wurden veralbert, wie z.B. das Hängebauch-Halsschwein, ein armes Tier, was total überfüttert wurde, damit es interessant aussah.

Im Tierpark oder auch Zoo genannt (keine Ahnung warum) war das Klima nicht gerade angenehm. Es roch sehr unangenehm durch die vielen tierischen Ausdünstungen, weshalb ich es nicht so lange dort aushalten konnte. Es würde euch auch vom "Duft" her nicht so gut gefallen.

Wenn ich Bundeskanzler wäre...

Liebe Brüder im All, nun habe ich das Leben der Menschen genügend kennen gelernt und habe mir ausgemalt, was ich als Bundeskanzler (das ist der Chef der Erdlinge) ändern würde:

Zuerst einmal würde ich viel mehr Schulen errichten, in denen die Schüler mehr Respekt vor den Lehrern hätten und jegliche Regelverletzung wie Kreidewerfen den Schülern teuer zu stehen käme. Dann würde ich verständnisvolle Lehrer ausbilden und einstellen, die jedem Schüler behilflich sind und jeden einzelnen fördern.

Weiter würde ich die Schüler in kleineren Klassen lernen lassen, nicht in einer unüberschaubaren Riesengruppe, wo sowieso niemand etwas lernt. Ich würde das Lernen auch als etwas Positives hoch ansehen, so wie es auf unserem Planeten üblich ist! Und ich würde die Kinder verpflichten, mehr Rücksicht auf Mitschüler zu nehmen.

7. Kapitel: Festivitäten der Menschen

Jahreswechsel

Sylvester nahte, das heißt für Erdlinge, dass der hier übliche Jahreswechsel nach 365 Tagen angesagt war! Da gab es einen besonderen Brauch, bei dem die Erdlinge Raketen in die Luft schossen und laut böllerten. Die bunten Feuerwerke am Himmel erfreuten mich, wohingegen mich die lauten Knaller sehr störten.

Im Fernsehen lief eine Serie namens „Dinner for One“ die ich gerne angeschaute, denn sie war sehr lustig. Darin ging es um einen Butler, eine Art bezahlter Leibdiener, der für seine Herrin Miss Sophie den Kellner spielt. Da die Gäste bedauerlicherweise alle längst nicht mehr lebten, musste James für die etwas schrullige Gräfin ihre verblichenen Freunde nachspielen. Dies war nicht sehr schwer, da jeder der vier mittlerweile verstorbenen Herren jedes Mal an Sylvester den gleichen dummen Trinkspruch von sich gegeben hatte, wie im Jahr davor. Allerdings vertrug James nicht so viel Alkohol und wurde durch die immense Trinkmenge, die er stellvertretend für die verstorbenen Gäste einnehmen musste, immer betrunkener. Er begann schließlich, immer unbeholfener zu werden, stolperte tollpatschig und sorgte dadurch für gute Unterhaltung, während Miss Sophie zu alt war, um sein sonderbares Verhalten überhaupt zu bemerken.

Weihnachten

Aber bevor Sylvester bei den Erdlingen begann, gab es das Weihnachtsfest. Ich muss euch zuerst natürlich erklären, was Weihnachten ist:

Es ist ein wichtiger Gedenktag an das "Christuskind" Jesus, das damals - nicht gerade unter hygienisch-ärztlichen Umständen - in einer Scheune geboren wurde. Obwohl vor 2000 Jahren nur die Eltern, die Mutter Maria mit dem nicht leiblichen Vater Josef, die Maultiere, Hirten und Schafe und zufällig drei, später heilig gesprochene, Könige anwesend waren, wird die Geburt des sogenannten Gottessohnes noch heute von den Menschen gefeiert, und dies wird daher wohl auch nicht so schnell enden. Die Erdlinge werden angehalten, wegen ihrer Nächstenliebe an diesem Tag anderen Erdlingen Geschenke zu machen.

Am 24. Dezember bleibt dann jeder in seiner Familie zu Hause. Alle packen ihre Geschenke aus und überlegen, was sie damit anfangen können!

Obwohl man sich untereinander etwas schenkte, gab es das Märchen von einem dicken, bärtigen Weihnachtsmann, der sich die Mühe machte, nachts in fremde Häuser einzudringen, um Geschenke zu hinterlassen. Soweit ich recherchiert habe, wurde der Weihnachtsmann jedoch von einer Cola-Werbe-Firma erfunden und ging eigentlich auf den heiligen St. Nikolaus aus der Türkei zurück.

Ein weiterer merkwürdiger Brauch war der Tannenbaum, oft auch eine Fichte, die pünktlich an jenem Abend mit Glitzerkugeln geschmückt wurde. Sie wurde vorher abgeholzt und später nach dem Fest entsorgt. Was das alles mit Jesus zu tun hatte, war mir nicht klar, denn Jesus hatte wohl nie in seinem Leben eine Tanne mit Kugeln geschmückt.

An Weihnachten kochen die Erdlinge gerne. Und es werden Plätzchen mit Zuckerguss bemalt, der Schnee ähneln soll, da es in dieser

Jahreszeit normalerweise schneit. Meistens war es aber nicht kalt genug, und daher regnete es regelmäßig.

Wenn ich mir jedoch den ganzen Rummel so kurz vor Weihnachten, dem "heiligen Tag", anschaute, war ich schon sehr verunsichert, was das alles mit dem "Fest der Liebe" zu tun hat.

Weihnachtsmärkte

Es fanden dann in den Städten vor dem Weihnachtsfest sogenannte "Weihnachtsmärkte" statt. Das waren eine Aufreihung von Imbiss-Buden und Geschäften, wo man gegen Geld Nahrungsmittel und alkoholische Getränke erhalten konnte, die symbolisch vielleicht irgendetwas mit der Vorweihnachtszeit zu tun haben.

Ich war mit meinen Erdeneltern auch schon da. Es war ganz nett, auch wenn immer noch die Unsitte des öffentlichen Lungenverpestens üblich ist. Diese Räucherstäbchen, die manche Erdlinge in den Mund nehmen wie Lutscher, waren wirklich abstoßend. Sie stanken zudem sehr. Da schmeckte mir der Reibekuchen, den man auf dem Weihnachtsmarkt essen wollte, irgendwie schon zu sehr nach Nikotin!

Karneval

Vor Ostern gibt es irgendwann den berühmten Karneval. Die Tage um Karneval herum waren für mich sehr anstrengende Tage. Die Lehrer flohen dann immer, bevor es klingelte, die Schüler packten ihre Taschen und stürmten so schnell es ging zum Ausgang. Es war laut und chaotisch. Es war eben Karneval!

Das war ein Brauch, an dem man sich, ähnlich wie an Halloween, aus Spaß verkleidete. Deshalb benahmen sich die Schüler noch undisziplinierter als sonst, und die Lehrer ließen alles mit einem Lächeln durchgehen.

Ich konnte immer nur den Kopf schütteln und mich leise wundern.

Muttertag

Einmal im Jahr feiern die Menschen "Muttertag". Da musste ich meiner Erdenmutter stellvertretend ein selbstgemachtes Geschenk überreichen. Das war immer anstrengend, denn jedes Jahr sollte es dann auch noch ein anderes Geschenk sein. Ich war aber froh, dass es nicht zusätzlich noch einen "Brudertag" gab. Einen "Vatertag" hatten manche Erdlinge zwar auch schon erfunden, aber nur, damit sich die Männer mit Alkohol betrinken konnten. Zum Glück hatte mein Erdenvater davon nichts mitbekommen.

Dann gab es hier noch eine "große Mutter", auch Oma genannt, die aber sehr klein geraten war. Sie fuhr mit mir einmal zum Einkaufen. Leider neigten Bauarbeiten dazu, einem in die Quere zu kommen. Dadurch hatte sich die "große Mutter" immer wieder "verfahren" und erst ziemlich spät den richtigen Weg nach Hause gefunden. Die große Mutter bekam kein Muttertagsgeschenk, hatte aber jedes Jahr Geburtstag, wozu sie immer alle Verwandten einlud.

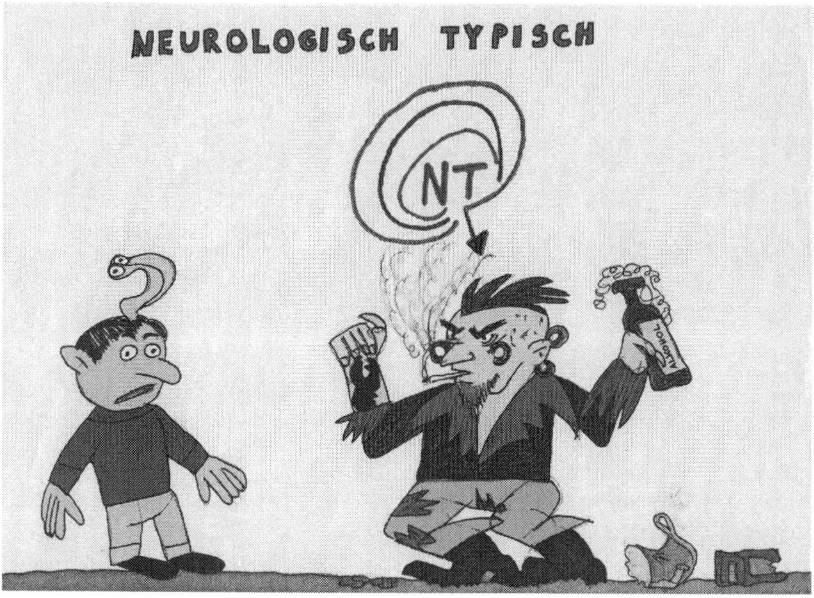

8. Kapitel: Was sind NTs?

Erdlinge werden, medizinisch betrachtet, auch "NTs" genannt. Das heißt "Neurologisch Typische", aber man kann auch "Normal-Trottel" dazu sagen.

Bevor ich nun endgültig zurück zu meinem Heimatplaneten fliege und euch, meine mir ähnlichen Lebewesen wieder treffe, möchte ich noch einiges Abschließendes zum Leben der Erdlinge aufschreiben.

Sprache

Die Sprache der Menschen ist nicht so einfach wie man denkt. Es gibt eine Jugend- und eine Erwachsenensprache. Ich persönlich bevorzuge Letztere, weil die Jugendsprache Wörter beinhaltet, die teilweise als Bezeichnungen falsch oder verletzend sind. Zum Beispiel sagen viele Mitschüler „Du Gangster", was als cool angesehen wird. Dabei ist kriminell sein, doch ungehörig, oder?

Aufgefallen ist mir an den NTs auch, dass sie keine Zettel brauchen, um zu wissen, was sie täglich tun müssen, wie z.B. den schwierigen morgendlichen Ablauf von Gesicht waschen, Zähne putzen und

Deodorant benutzen. Solche Dinge schreibe ich mir auf, weil ich es nicht behalten würde. NTs aber vergessen so etwas nicht, dabei entgeht ihnen sonst so vieles!

Metaphern

Erdlinge lieben es, viele Bilder (die Metaphern genannt werden) in ihrer Sprache zu benutzen, die aber gar nicht Ernst gemeint sind. So sprach letztens einer mit mir über Eselsohren. Ich sah mich erstaunt um, fand aber keinen Esel oder einen Menschen mit eselähnlichen Ohren. Dann war damit aber überraschend eine Buchseite gemeint, die nicht gut behandelt worden war.

Ich kann sowieso nicht verstehen, wie manche NTs Bücher behandeln. Bücher sind für mich wie Lebewesen. Man soll sie nicht bemalen oder zerknicken, denn sie erzählen einem viele gute Geschichten.

Kürzlich bekam ich einen Riesenschock. Ich las in der Zeitung, dass Oliver Kahn, ein bekannter Fußballspieler, ermordet worden sei. Sofort informierte ich meine Erdeneltern mit „Oliver Kahn ist tot. Aber man kennt schon den Täter. Es ist Klinsi." Meine Erdeneltern waren genauso geschockt wie ich! Später wurde ich dann darüber aufgeklärt, dass die Schlagzeile „Klinski killt Kahn" in der Sprache der Erdenbewohner eine andere Bedeutung hat als die, die da steht. "Killen" bedeutet hier ausnahmsweise nicht "töten", sondern heißt nun soviel wie "erniedrigen". Kahn lebte also noch!

Letztens erzählte mir ein NT, dass er "Nägel mit Köpfen" machen wollte. Ich fragte ihn, ob er dafür einen Hammer benötigte. Aber er erklärte mir, das wisse doch jeder! Ja, was denn? Den Hammer hatte ich trotz Suchens nicht gefunden!

Merkwürdig fand ich auch, als ich einmal etwas über mich erzählte, meinte meine Erdenmutter, dass sich der Esel immer zuerst nennt. Wieso ein Esel? Ich war verwirrt. Wo war hier schon wieder ein Esel? Es ging doch nur um mich!

Ein anderes Mal erklärte mir ein Erdling, ich sollte in meinem Leben mehr "Grenzen überschreiten". Ich dachte eigentlich immer, dass ich in letzter Zeit sehr viele Grenzen in andere Länder überschritten hätte, aber das war gar nicht damit gemeint, sondern das heißt: "Ich sollte mich mehr trauen!"

Vor einiger Zeit war mein Erdenbruder Dominik von zu Hause ausgezogen, weil er die Schwelle zum Erwachsenendasein übertreten hatte. Hoffentlich teilte er sein Geld für die Wohnung gut ein! Mir tat es nämlich immer Leid, wenn meine Erdeneltern sagten, dass sie für Dominik ihr "Geld aus dem Fenster schmeißen" würden. Ich habe aber kein Geld unter unserem Fenster gefunden, denn natürlich warfen sie das Geld nicht wirklich aus dem Fenster. Das heißt, dass Dominik das Geld sofort ausgibt.

Gefährliche Menschen

An einem Montag lernte ich, dass NTs durchaus auch gefährlich sein können. In der U-Bahn schlug mich einer, als ich ihn auf eine Regelverletzung hinwies. Er hatte sich in einem Bereich eine Zigarette angezündet, wo deutlich sichtbar ein Rauchverbot war. Als ich ihn darüber aufklärte, war er aber über meinen Hinweis nicht etwa dankbar, sondern er beschimpfte mich böse, kniff mich so hart in die Wange, dass es blutete und warf mich auf die Erde! Dabei zersplitterte mein Brillenglas. Ich sah nichts mehr! Obwohl sehr viele andere Menschen an der U-Bahn-Station anwesend waren, hatte sich keiner eingemischt, um mir behilflich zu sein.

Es war nicht das erste Mal, dass mich jemand geschlagen hat. Ob es womöglich immer härter wurde bei den Menschen hier? Mir war dieses Verhalten vollkommen unverständlich. Auf unserem Planeten käme so etwas nie vor!

Ess- und Trinkgewohnheiten

Die Erdlinge haben schon sehr auffällige Essgewohnheiten, von denen ich hier einige aufzählen muss.

Meine Erdenmutter sagte mir einmal, dass NTs "Chicken McNuggets" (das sind frittierte Hühnerstückchen) in der Regel aßen, ohne sie ins Milchshake zu tunken! Dabei schmeckte dass doch so am besten!

Die NTs wissen wirklich nicht, was wahre Essensgenüsse sind! Stattdessen verderben sie ihr leckeres reines Nudelmahl, indem sie es mit einer Soße verhunzen.

Köstlichen Reis verderben sie durch die Beigabe von Soße, ebenso wie frisch gekochte Kartoffeln. Auch der gute Geschmack von Gurkenscheiben und Möhren wird bei den NTs mit einer Soße verdorben. Das ist mir vollkommen unbegreiflich!

Meine Erdeneltern beklagten sich oft darüber, dass ich „nur“ trockenes Brot oder andere Beilagen esse – dabei ist es doch offensichtlich, dass man nicht mehr braucht, um glücklich zu sein! Ich esse nichts Gemischtes, wie ihr meine Freunde im All! Das ganze Vermischen verdirbt nur den reinen Geschmack!

Dann ist mir aufgefallen, dass die meisten Menschen am Tisch ihr Essen einfach so herunterschlingen, ohne es richtig zu genießen. Dass man auf unserem Planeten „Ah-Meu-Meu“ sagt, wenn einem wirklich etwas schmeckt und sich dabei viel Zeit beim Essen lässt, stößt selbst bei meinen Erdeneltern auf Unverständnis.

Viele machen sich darüber lustig, dass ich gesund lebe – keinen Alkohol, keinen Kaffee, keine Zigaretten! Die Menschen denken dann von mir, ich sei ein sogenannter "Moralapostel", einer, der in allem perfekt und überheblich ist, um anderen die Fehler vorzuwerfen. Das stimmt aber nicht! Ich prahle auch nicht damit. Ich versuche immer, die menschlichen Schwächen zu tolerieren. Aber Alkohol und Kaffee schmecken mir einfach nicht, und den Gestank von Zigarettenrauch vertrage ich nun überhaupt nicht! Dabei mag ich durchaus Ungesundes, besonders Süßigkeiten, wie Puddings und Lollis, die zudem schlecht für die Zähne sind.

Besuch bei Bekannten

Ich besuchte mit meinen Erdeneltern eine andere Familie, die sie Bekannte nannten. Mir fiel auf, dass ich mit jüngeren Kindern besser auskam als mit gleichaltrigen, da diese noch nicht dem Irrglauben verfallen waren, sich wie "Schwachköpfe" benehmen zu müssen – also "cool" sein zu müssen.

Übrigens ist "cool" ein englisches Wort für "kalt". Jetzt verstehe ich auch, warum es als uncool gilt, seine Gefühle zu zeigen, also nicht „eiskalt“ zu sein.

Beim Besuch haben wir uns einen witzigen Film angesehen. Es ging um ein Kastenbrot, das sprechen kann. Dies vermittelte zwar ein ziemlich weltfremdes Bild über die Gesellschaft, war aber trotzdem sehr sehenswert.

Meine Erdenmutter wunderte sich, dass ich nach dem Ende des Films immer noch laut lachte. Der Grund ist, wie ihr wisst, dass ich das Gesehene noch einmal vor dem geistigen Auge abrufen kann. Wir Außerirdischen speichern die meisten gehörten und gesehenen Dialoge eben genau ab.

Meine Erdenmutter war schon ganz verzweifelt, weil ich mir solche „Unwichtigkeiten“ glänzend merken konnte, jedoch bei anderen Dingen, die sie als wirklich wichtig empfand, wie Vokabeln in der Schule, ziemlich vergesslich war.

Leider kann ich mir gerade solche Dinge besser merken, die man sich nicht merken *muss*. Mein Gehirn ist wie eine Art Schublade. Ich gebe, rein metamorphorisch natürlich, mein Wissen in verschiedene Schubladen; manchmal geht das Wissen dabei jedoch verloren, weil ich nicht mehr weiß, in welcher Schublade es liegt. Und das betrifft besonders so uninteressante Dinge wie schulische Inhalte.

Ärzte und Therapeuten

Zwischenzeitlich hatte ich mir einen irdischen Virus zugezogen, der dazu führte, dass ich immer laut husten musste. Meine Nase sonderte ständig Schleim ab. Solche Unwägbarkeiten haben wir als Außerirdische längst überwunden, aber die Erdlinge noch nicht. Deshalb durfte ich auch leider nicht meine Spezialmedizin nehmen, die mich unverzüglich heilen würde. Da ich nicht auffallen wollte, schluckte ich die primitive Medizin der Erdlinge hier.

Ein anderes Mal hatte sich die ganze Familie einen anderen aggressiven Virus zugezogen. Dabei kam immer alles, was mit dem Mund aufgenommen wurde, auf demselben Weg wieder nach draußen. Das "kränkte" mich sehr im wahrsten Sinne des Wortes. Es ließ mich dünn und ausgezehrt wirken. Zudem war keiner in unserer Familie mehr in der Lage, den anderen zu versorgen, weil jeder von dem Virus betroffen war. Nur mein bemerkenswerter Erdenvater, der seine Pflicht erkannte, für die Familie zu sorgen, ging heldenmutig dieser Aufgabe nach, obwohl er selbst inzwischen der Krankheit erlegen war. Der einzige, der von dem Virus verschont blieb, war mein Erdenbruder, weil er inzwischen in einer weit entfernten Stadt lebte.

Übrigens zerrten mich meine Erdeneltern auch sonst häufig zu speziellen Ärzten oder Therapeuten, wenn ich gesund war. Diese sollten mich dann immer diagnostizieren, weil ich als Außerirdischer natürlich anders als die Erdlinge ringsumher war. Meine Erdeneltern empfanden meine Gewohnheiten als Makel, da die Mehrheit der Gesellschaft sie nicht teilte.

Letztens ließ man mich beim Arzt einen Intelligenztest machen. Dabei stieß ich auf erstaunliche Ergebnisse: Die NTs bewerten einen Menschen danach, ob dieser über oder unter dem Durchschnitt der Masse liegt. Bei mir traf beides zu: Ich war manchmal weit über dem Durchschnitt, was bedeutet, dass ich seltene Dinge wusste, über die sich „kein Schwein“ (gemeint ist damit kein Erdling) den Kopf zerbrach. Aber ich war auch manchmal unter dem Durchschnitt, weil ich im täglichen Alltag so unwichtige Dinge nicht wusste, wie Geld- und Gewichtszuordnungen, die aber bei den NTs jedes Kind kennt und die als Grundwissen gelten.

Das liegt meines Erachtens daran, dass jeder NT sich für besser hält und man Konflikte vermeiden will. Man teilt also die Menschen ein in „Idioten“, die angeblich nichts können und bei diesen Tests unter dem Durchschnitt liegen, und in „Genies“, die angeblich alles können und über dem Durchschnitt liegen. Und immer wenn jemand mal als angebliches "Genie" aus der Masse herausragt, sagt man schnell, der sei perfekt, dabei will eigentlich niemand seine Probleme wirklich haben.

Der Flöhe-Markt

Erdenbewohner veranstalteten Treffen, die sie "Flöhe-Markt" nannten. Wahrscheinlich gab es da kleine Ungeziefer, wenn man den ganzen Krempel so sah, den es dort zu kaufen gab und den NTs tatsächlich auch noch kauften.

Anstatt Verständnis für meine Besonderheiten zu zeigen, versuchen die Erdlinge mir ihre Vorgehensweise aufzuzwingen. Erst heute musste ich durch einen verqualmten Raum auf einem Flöhe-Markt. Es galt als unangebracht, einfach zu verschwinden. Ich musste die vergiftete Luft atmen, nur weil meine Erdeneltern nicht den Mut hatten, zu ignorieren, was andere über sie denken.

Letztens bekam meine Erdenmutter einen Schock, weil ich nur mit meinem Vornamen unterschrieben hatte. Es kam ein Briefträger und wollte mir ein Paket übergeben, aber nur wenn ich auf einem Gerät unterschreiben würde. Natürlich habe ich da sofort meinen Namen ROBIN drunter geschrieben. Nun fürchtete meine Erdenmutter, es gäbe Probleme, weil ich nicht auch noch mit dem Erdennachnamen unterschrieben habe. Warum denn das? Aber da ich nicht mit meinem richtigen Namen **RSÖ*?01,222807395KJ11** unterschreiben durfte, konnte ich doch auch nur mit ROBIN unterzeichnen. Wieso sollten andere Leute deshalb Vorwürfe machen, nur weil ich etwas missverstanden hatte?

Kleidung und Mode

Sich schön zu kleiden ist auf diesem Planeten eine unangenehme Pflicht. Sie wird jedoch verschieden betont. Während meine Erdenmutter will, dass ich schön aussehe, gilt in der breiten Menge der Jugendlichen die lässige Kleidung als schön.

Nur bei Besuch muss man sich verkleiden. Dann tragen Erdenmenschen solch merkwürdige Kostüme wie Schlips, Anzug, Hut, Kleider und Glitzerschmuck.

Die Frauen tragen sogar Schuhe mit einer hohen Schuhsohle, in denen man nicht laufen kann und die ihren Zehen schaden. Solche Ideen gibt es auf unserem Planeten nicht.

Auch bei den Farben gibt es merkwürdige Zuordnungen: Es ist verboten, rosa oder pink für Jungenkleidung zu benutzen! Wieso haben manche Farben Mädchenbedeutungen?

Zuverlässigkeit

Die NTs sind oft nicht so zuverlässig wie wir. Meine Erdenmutter war heute sehr anstrengend: Sie sagte, sie würde um Punkt 12 Uhr mit mir in die Stadt fahren (mit der Unter-der-Erde-Bahn), damit ich lernte, meine neue Schule allein zu erreichen. Doch um 12 Uhr war sie immer noch beschäftigt. Obwohl ich mich zur Abreise bereit machte, Schuhe und Jacke angezogen hatte, sagte sie nur „gleich!“ und tippte weiter Texte in ihren Computer. Natürlich hatte sie es gerade dann eilig, loszufahren, als ich mich wieder ausgezogen hatte und es mir endlich auch etwas bequem gemacht hatte.

Positives Resümee

Das Schönste auf der Erde ist die Natur mit den vielen Wäldern. Besonders erfreuten mich die verschiedenen Jahreszeiten, wobei der Winter am schönsten war. Da liegt überall weißes gefrorenes Luftwasser, was "Schnee" genannt wird. Das war herrlich, und ich konnte Schlitten fahren.

Auch die vielen unterschiedlichen Kulturen auf der Erde sind sehr interessant. Auf meinen vielen Reisen habe ich gesehen, dass z.B. Italien ganz anders als Deutschland oder Schottand ist.

Tipps für meine Brüder

Wenn ihr, liebe Brüder, mal den Planeten Erde besucht, dann rate ich euch, behaltet eure Meinungen lieber für euch und erzählt sie nicht den Humanoiden. Versucht besser nicht, etwas von den vielen Fehlern auf der Erde zu korrigieren. Das mögen die NTs nicht besonders!

Wenn ihr mit jemandem redet, starrt ihn nicht länger als drei Sekunden an, sonst wird er leicht aggressiv. Schaut ihm aber auf jeden Fall ins Gesicht, sonst fühlt er sich ignoriert und ist beleidigt.

Abflug

Liebe Brüder im All. Jetzt habe ich diese Spezies der NTs genug beobachtet und analysiert und habe mich laufend gewundert. Dem Planten Erde werde ich wohl nicht mehr nachtrauern, aber von Zeit zu

Zeit kann ich mal Abstecher zurück machen, um zu gucken, ob die NTs sich doch noch weiterentwickelt haben. Es gibt ja die Evolution!

Ich freue mich darauf, zu euch zurückzufliegen, wo es nur noch ganz normale Verhaltensweisen gibt!

Auf Wiedersehen - ihr NTs!

Teil 2: Außerirdische Reisen in Europa

9. Kapitel: Ein Alien in Venedig

Eine ganze Woche Venedig

Meine lieben Brüder, da oben:

Ich muss euch mitteilen, dass ich mein Raumschiff auf der Flucht von der Erde im Orbit leider abgestürzt ist. Ich habe die Einzelteile noch, muss aber alles neu zusammenbauen! Ich landete deshalb auf einer kleinen irdischen Halbinsel namens Venedig.

Stellt euch vor: Die Menschen haben kein einheitliches Sprachsystem wie wir, sondern in jedem Land reden sie anders miteinander, so dass keiner den anderen verstehen kann, schon merkwürdig! Und in Venedig sprechen sie italienisch: prego, grazie, scusi, arrividerci, ciao...

Die Italiener haben komische Sitten. Sie umarmen und küssen sich ständig, wenn sie sich begegnen. Warum es immer wieder machen, blieb mir ein Rätsel.

In Italien konnte ich zum Glück in einer Urlauberfamilie als "Sohn auf Zeit" unterkommen. Urlauber waren das Gegenteil von Einheimischen. Sie fotografieren alles: Häuser, Menschen, Wasser und sogar sich selbst gegenseitig.

Venedig ist ein besonderes Stück Erde! Die Bewohner von Venedig wohnen in prächtigen alten Häusern - nicht Lichtjahre alt wie mein Raumschiff, aber immerhin, "menschenalt" - an einem Kanal, der ziemlich groß ist und den sie Canal Grande nennen. Die Fahrzeuge sind Schiffe, keine Raumschiffe – sondern Wasserschiffe.

Es gibt hier tatsächlich nur Boote und Gondeln. Selbst die Müllabfuhr, die Feuerwehr, die Polizei und die Totentransporte sind auf dem Wasser unterwegs.

Den Venezianern ist besonders der Löwe heilig. Es existiert eine unsäglich hohe Säule, auf dem oben der Markuslöwe sitzt. Insgesamt sieht man viele Markuslöwen und geflügelte Pferde aus Stein in der ganzen Stadt. Viele sind natürlich von Taubenexkrementen und Regen längst zerfressen, sehen aber trotzdem noch interessant aus.

Auf dem Markusplatz wimmelte es immer von Tauben. Eine hatte sich auf meine Schulter gesetzt und einen weißen Klecks hinterlassen. Das war nicht so angenehm, wie ihr euch denken könnt!

Leider herrschte auf der Erde momentan eine sogenannte Vogelgrippe, die es verbot, Vögel - daher auch Tauben - beim Füttern anzufassen. Das störte aber die Touristen nicht. Viele kauften Mais bei einem Händler und fütterten die Tauben, die dann alle auf den Arm und Kopf flogen. Davon machen die Touristen dann wirklich Fotos.

Gondoli

Gondeln wurden von Gondolieri gefahren. Das waren Menschen, die wie Sträflinge gestreift gekleidet waren, einen langen Stab in der Hand hielten, meistens einen Strohhut auf dem Kopf trugen und ein langes schmales schwarzes Boot ohne Motor fuhren. Wegen der besonderen Kunst, diese Gondeln zu manövrieren, war eine Fahrt sehr teuer.

Ich beobachtete diese wackeligen Gondelfahrten genau. Es sang kein einziger Gondolieri „O solo Mio!“, wenn sie ihre Kunden herumfuhren. Das war nur wieder so ein dummes Gerücht, wie es für die Menschen auf der Erde typisch ist. Menschen lieben es, Gerüchte über alles Mögliche zu erzählen.

Im angrenzenden Meer habe ich später einen Schwan mitten im Strom schwimmen sehen. Die Wellen schienen ihm nichts auszumachen. Ich bewundere die Kunst des Schwimmens beim Schwan. Das war hohe Kunst!

Die Künste

Venedig galt als die Stadt der Künste. Besonders beliebt war es, wenn sich Venezianer mit Maske und Kleidung als Statue kostümierten. Touristen machen davon Fotos und bezahlen die Verkleideten dafür.

Man hat mir erzählt, dass zu Karneval alle Venezianer in der Stadt so kunstvoll verkleidet sein sollen. Vielleicht fliege ich dann nochmals hierhin, um mir das Schauspiel einmal anzuschauen!

In Venedig gab es viele verschiedene Masken zu kaufen, manche hatten ganz lange Nasen. Zudem standen an vielen Plätzen Maler herum, die Bilder von Venedig malten und sie an Touristen verkauften.

Es gibt viele Museen und Kirchen, auch wenn ich diese Kunst nicht so ganz verstehe. Leider existieren neben schönen historischen kunstvollen Gemälden auch viele moderne aggressive Kunstdarstellungen, für die die Touristen sogar noch Geld bezahlen! Das hätte ich nicht getan.

Auf dem Markusplatz, dem größten Platz in der Stadt, steht ein riesiger Turm, der Campanile. Dort hochzufahren würde ich euch jedoch nicht empfehlen, da die Glocken dort oben die dumme Angewohnheit hat, genau dann los zu "glocken", wenn der Fahrstuhl besetzt ist. Ich habe dort oben einen heftigen Schrecken bekommen! Ich suchte jedoch vergeblich nach einem buckligen Glöckner, der mit der Hand am Seil zog, denn es gibt Maschinen, die die autoschwere große Glocke bewegen.

Die Paläste werden hier Palazzi genannt und waren wunderschön anzusehen, aber sehr marode. Wir Außerirdische hätten das schon längst in Ordnung gebracht – aber die Menschen hier erfreuen sich am Untergang.

Dann steht hier auch eine berühmte Brücke, die Rialtobrücke. Als hier im Juli die Weltmeisterschaft im Fußballspielen - einem dummen Ballspiel mit 22 wild laufenden Männern - zwischen Italien und Frankreich von den Italienern gewonnen wurde, waren viele italienische Männer so "begeistert", dass sie ernsthaft von dieser Brücke in den Canal Grande sprangen. Glücklicherweise war das Wasser hier ja tief genug, aber dennoch auch sehr schmutzig von den vielen Schiffen! Ich war schon sehr überrascht, dass Erdlinge nach einem gewonnen Ballspiel in dieses Dreckswasser gesprungen sind.

Am Mittelmeer

Meine Unterkunft in der Familie war sehr bescheiden: ein Haus auf Rädern, das vielleicht für eine Person gedacht war, aber merkwürdigerweise als „Ein-Familien-Wohnwagen“ gilt.

Es war sehr eng dort drin. Ihr könnt es euch kaum vorstellen!

Meine Schlafliege erlaubte mir wegen der niedrigen Decke nicht, mich hinzusetzen. Das Wohnzimmer war gleichzeitig noch die Küche. Das Badezimmer hatte ebenfalls eine unbequem niedrige Decke, wo ich mir laufend den Kopf stieß.

Am liebsten saß ich vor dem Wohnwagen. Dort war auch genug Platz für das Frühstück, das Mittag- und das Abendessen.

Besonders lästig waren hier die Mücken. Das sind kleine blutsaugende irdische Insekten, die mich als Außerirdischen besonders lieben. Sie stachen sehr gerne zu. Meine Füße waren vollkommen zerstochen und machten mir dadurch das zweibeinige Laufen schwer.

Die Busse waren hier ziemlich auf Trab. Die Busfahrer fuhren alle wie Rennfahrer, ohne Rücksicht auf andere Autos oder gar Insassen. Wenn zusätzlich auch noch viele Autos gleichzeitig auf den Straßen waren, konnten die Busse aber auch quälend langsam schleichen, besonders dann, wenn meine Familie es ausnahmsweise mal eilig hatte, weil sie die Fähre nach Venedig erreichen wollte.

Auch das Schiff fahren war sehr interessant. Die Wellen brachten das Schiff manchmal gehörig aus dem Gleichgewicht! Viele Erdlinge bekamen dann seltsamerweise Schweißausbrüche, aber ich als Außerirdischer fand es nur interessant.

Wegen der starken Hitze verbrauchte ich sehr viel Flüssigkeit, was ich von meinem Heimatplaneten gar nicht kannte. Deshalb trank ich Unmengen von Wasser.

Ich war öfters am Strand, weil sich das für einen irdischen Urlaub so gehört. Alle Urlauber gingen ins Meer zum Schwimmen, so auch ich. Das Wasser war zwar 10%ig weniger salzhaltig als bei unserem Planeten, dafür waren aber hier die Wellen umso höher.

Ich hatte mir eine mit Luft aufblasbare Gummihülle besorgt, die mich ohne Anstrengung über das Wasser trug. Es war nämlich gar nicht so einfach, ohne Schwimmhäute zu paddeln! Immerhin ist dieser irdische Planet ja zu Zweidritteln mit Wasser überdeckt.

Das italienische Essen hat mich erfreut. Die Italiener haben eine sonderbare salzige Kuchenart erfunden, die Pizza. Sie ist rund und schmeckt vorzüglich! Ich habe mehrere probiert. Dann haben sie noch lange weiße Fäden erfunden, die man ebenfalls verspeisen kann. Sie wird Pasta genannt und mundeten ausgesprochen gut! Wegen der Hitze haben die Italiener noch eine vorzügliche Leckerei entwickelt: das Eis - Gelati genannt! Täglich probierte ich solch eine Köstlichkeit mit Vanillegeschmack! Die italienische Verpflegung kann ich euch uneingeschränkt weiterempfehlen!

Urlaubsende

Dann war mein Abstecher nach Venedig irgendwann vorbei. Da mein Raumschiff noch defekt war, flog ich mit meiner "Familie" zurück nach Deutschland.

Besonders von einem Ereignis beim Rückflug muss ich euch berichten: Auf allen Flughäfen herrschte gerade größte Überwachung: Jeder Koffer, jedes Gepäckstück wurde genau kontrolliert. Außerdem durfte es nicht mehr als eine bestimmte Anzahl an Kilos wiegen. Sollte dies doch der Fall sein, und bei dem Koffer meiner Erdenmutter war es der Fall, musste derjenige ein Bußgeld zahlen.

Die Logik dahinter blieb mir schleierhaft: Ging es hier um Sicherheit? Wieso war es für Flugzeuggäste ungefährlicher, wenn der

Terrorist erst bezahlen musste, bevor seine versteckte Bombe ins Flugzeug gepackt wurde?

Leider waren nicht genug Passagiere im Flugzeug, so dass die Fluggesellschaft das Geld irgendwie anders einnehmen musste. Wie ihr euch denken könnt, ist Bußgeld einzunehmen für einige Kilos Gepäck eine gute Methode, um reich zu werden. Für ein paar Kilos zu viel musste meine Erdenmutter glatte 84 Euro zahlen. Ich hatte den Eindruck, sie war danach nicht in guter Stimmung!

Im Flugzeug hatte ich zudem gemerkt, dass man „auch später verschlafen“ konnte. Und das ging so: Früh morgens, vor der Abreise waren wir um fünf Uhr morgens aufgestanden. Erstaunlicherweise wurden wir recht schnell munter. Als im Flugzeug am Fenster nichts mehr außer langweiliger Wolken zu sehen war, sind alle plötzlich umgekippt und eingeschlafen.

Als ich wieder aufwachte, hatten auch die anderen ihre Ruhepause nachgeholt.

Wenn ich wieder im Haus bei meinen Erdeneltern bin, werde ich das Raumschiff reparieren, und dann fliege ich bald zu euch nach Hause!

10. Kapitel: Abenteuer in Wales

Meine Landung über Wale

(Wales! Nicht Wale! Wer hat das „s“ gelöscht?)

Hallo, meine Brüder da oben! OK, eigentlich hatte ich mich mittlerweile auf dem Erdenfleck Deutschland ganz gut eingelebt. Aber als ich gerade mal wieder eine Flugbahn über Island drehte, war ich gezwungen, unterzutauchen und schließlich woanders zu landen.

Und wo landete ich da? Großes Britannien heißt die Insel hier. Ich hörte, kürzlich wären hier Busse und U-Bahnen explodiert. Schuld seien Menschen, die sich Islamisten nennten.

Ich fuhr weiter mit einem Schiff, das hier Ferry heißt. Da war der Wind ganz schön stark, und meine Haare standen in der Luft, genauso wie auf unserem Planeten.

Die Briten hatten seltsame Sitten: Sie setzen etwa alte morsche Schiffe an Land ab, damit die Touristen sie begutachten können.

Leider schien mir London wegen der Terroranschläge und der riesigen Menschenmassen zu verstopft, so dass ich es zuerst einmal nicht erkunden wollte.

So blieb ich in Wales. Die haben dort eine sonderbare Sprache: Cymru heißt Wales auf Walisisch.

Dort habe ich auch wieder einen Wohnwagen bekommen. Dieser war aber viel besser als das kleine Ding in Venedig. Er verfügte über viel mehr Platz; es gab sogar einen Balkon um den Wohnwagen herum und einen Kamin, der mit Gas brannte.

Meine Erdenmutter kam auch und hatte diesmal sogar ihr Auto mitgebracht, so dass ich nicht auf zwei Beinen übermäßig lang gehen musste. Der primitive Erden-Flug mit dem Flug-Ding namens Flugzeug fiel daher glücklicherweise aus.

Cardiff, die Hauptstadt von Wales

Ich habe heute eine Statue in der Stadt Cardiff gesehen, von einem gewissen Älvis Bresläy oder so ähnlich. Soll gut gesungen haben, der Mann!

In Cardiff Bay gab es viele Schiffe und eine Menge an neuen Gebäuden. Das sah alles recht modern aus (natürlich nicht so wie auf unserem Planeten, das ist ja klar!). Früher sollen hier am Hafen die Kohlearbeiter schwer gearbeitet haben. Da merkte man heute aber nichts mehr von!

Hier in Wales stehen Schilder mit so komischen Zeichen drauf, wie „Peidiwch a bwydo´r gwylanod“. So sprechen die Waliser hier, wenn sie nicht gerade Englisch reden.

Ich ging in ein großes Gebäude, das wie ein Einkaufszentrum aussah. Es nannte sich aber "Science Museum". Es gab da einige primitive Dinge zu sehen, die bei uns auf dem Planeten bereits weiter entwickelt sind, z.B. schwebende Bälle oder Spiegel, die eine Person auf dem Kopf abbilden.

Hier steht auch ein Schloss, das sie Cardiff Castle nennen. Da kletterte ich überall herum. Was mich überraschte war, dass das alte Gebäude gar keine Geländer hat. So ungeschickt wie sich die meisten

Menschen immer anstellen, sind da bestimmt schon einige herunter gefallen!

Im Park habe ich mehrere Pfauenvögel entdeckt, der eine hatte eine sehr schöne Feder verloren. Ich habe sie mit nach Hause genommen (nicht die Vögel, nur die Feder!).

Die Landschaft in Wales

Die Landschaft war hier sehr grünlich mit vielen Bergen, Seen, Höhlen und schönen Sehenswürdigkeiten.

Übrigens dachte ich kurze Zeit, ich wäre in der falschen Zeit gelandet. Urplötzlich war ich von Dinosauriern umringt. Es war jedoch nur eine Ausstellung im Grünen, mit Unmengen an riesigen unbeweglichen Plastikfiguren, die wie die echten Reptilien aussahen – zumindest aus der tölpelhaften Sicht der Menschen hier.

Dann war ich noch in einer Höhle, die sehr dunkel war. Deshalb gab es vorher eine altertümliche Lampe, die ich auf meinem Kopf befestigen musste.

Abstecher nach England

Später machten meine Erdenmutter und ich einen Abstecher nach England.

Die Engländer waren sehr tolerant mit ihren Gebäuden. Sie hatten so viel von nah und fern eingefügt, dass man kaum glaubte, noch in England zu sein. Da waren Moscheen, Chinarestaurants, Hindutempel und ein besonders komisches Gebäude, das nannte sich Royal Pavillon und stand in Brighton. Oben war das Dach seltsamerweise spitz und gleichzeitig rund, wie eine umgekippte Zwiebel.

In der Stadt traf ich einen Mann, der eine sehr fotografische Fähigkeit besaß. Er hat mich ohne Kamera, mit einem Stück schwarzem Holz, auf ein Papier gebannt. Das Ergebnis habe ich ihm dann für viel Geld abgekauft. Aber welchen Außerirdischen kümmern schon materielle Werte?

Eine Sache, die ich an den Engländern im Vergleich zu den mir bisher bekannten Humanoiden der Deutschen und Italiener schätzte, war die, dass sie so altmodisch waren. Sie hatten altmodische Häuser, Autos, Busse, Uniformen und Alkoholausschänke (die hier „Pubs“ hießen). Da hat ein Außerirdischer wie ich es nicht schwer, die irdischen Errungenschaften zu begreifen.

Großbritannien ist ein demokratisches Land. Trotzdem haben sie eine Frau, die eine Krone trägt wie damals im Mittelalter, als ich das erste Mal auf diesem Planeten landete. Damals wollte man mich noch auf dem Scheiterhaufen verbrennen (das ist wie ihr richtig erkannt habt, ja nicht gelungen, denn sonst wäre ich heute nicht wieder hier!).

Diese Frau heißt Queen Elizabeth und guckt immer ganz ernst. Wahrscheinlich war ihr die Krone zu schwer! Hatten die Engländer kein Altersheim? Die arme Frau musste immer noch arbeiten und ihre Krone tragen. Ihr 80. Geburtstag wurde gefeiert, wie das Neue Jahr. Sie war sehr prominent. In der Öffentlichkeit wurde sie laufend von diesen Geräten, die Blitze ausstrahlen, verfolgt. Ihr Mann war wohl klug genug, sich nur selten in der Öffentlichkeit zu zeigen. Vielleicht war er aber auch schon in einem Altersheim. Ich hatte gehört, dass die meisten Erdenmänner nämlich immer jüngere Frauen heiraten.

In London traf ich einen „Bobby“. Das war kein Haustier, wie auf unserem Planeten, sondern eine Art witziger Uniformist, der freundlich zu den Touristen war. Was er beruflich machte, hatte sich mir allerdings nicht erschlossen!

Ich war dann in einem Kino oder „cinema“. Das war eine primitive Darstellung einer Art Hologramm, aber nicht in der Luft, sondern eine Abbildung an einer Wand. In diesem Kino sah ich einen Mann, der sich etwas seltsam benahm und von allen Engländern geliebt wurde. Er nannte sich Mr. Bean und liebte einen Mini-Bär, den er Teddy nannte. Mit ihm sprach er. Aber das geschah selten. Ich wusste gar nicht, dass die Engländer so verschwiegen waren. Trotzdem wurde er als der englische Superstar bezeichnet. Seltsamerweise versuchte aber niemand, diesem Vorbild nachzueifern. Ich hatte vergeblich gehofft, dass es menschliche Nachahmer von Mr. Bean gibt, habe aber keine gefunden. Schade, denn sie erinnerten mich etwas an euch.

11. Kapitel: Die irdische Toskana

Meine Landung in der Toskana

Jetzt war ich doch neugierig auf die verschiedenen Länder auf der Erde geworden und bin daher noch bis nach Italien weitergereist.

Als ich in der Toskana ankam, fiel mir sofort auf, dass es hier zu heiß war. Und dann bemerkte ich schnell, dass es zu viele Insekten gab, denn sie stürzten sich sogleich alle auf mich und stachen zu.

Beeindruckt haben mich die Netze vor den Fenstern, die vielleicht von einer Spinne angebracht worden waren, damit nicht noch mehr Insekten in die Zimmer kommen. Was finden Erdlinge eigentlich so ekelhaft an diesen Spinnentieren?

Übrigens entdeckte ich im Fernsehen, dass hier die Zeichentrickserie "Spiderman" lief. Leider nur auf Italienisch. Gut, dass ich meinen Sprachübersetzer dabei hatte!

Wegen der Hitze stieg mein Wasserverbrauch in diesem Land wieder enorm an! Mit der genialen Erfindung der "Käppi" oder "Kappe" (die ich immer noch spektakulär finde), hatte ich einigermaßen Schutz vor den Strahlen der Sonne.

Passend zur Hitze wuchsen hier viele Palmen und hohe schmale Bäume, die Pinien genannt wurden.

Unser Ferienhaus

Unser Haus war endlich einmal sehr geräumig, nicht so eng wie die Wohnwagen in Venedig und Wales. Es hatte zwei Etagen, und ich bekam einen eigenen Raum mit zwei Betten: eins zum Schlafen und eins zum Ablegen meiner Ausrüstung für das Erkunden der Erde.

Abends hat meine Erdenmutter immer leckere Speisen zubereitet: Pizza oder alle Sorten von Nudeln, die hier Pasta genannt wurden. Es schmeckte vorzüglich!

In der Nähe unseres Hauses befand sich eine Art Furche, die mit Wasser gefüllt war. Allerdings war das Wasser mit einem chemischen Mittel namens Chlor verunreinigt, das auf der Haut juckt und anschließend abgewaschen werden muss. Als Abkühlung war der sogenannte Pool jedoch erfrischend.

Meinen Erdeneltern schien das Wasserbecken beim Dösen sogar zu helfen. Ich dagegen war wie immer putzmunter und brauchte mehr Schatten zum Lesen.

Siena

In Siena sah ich ein barbarisches Plakat über die Pferderennen, die hier regelmäßig in der Innenstadt stattfinden. Das hätte ich Italien nicht zugetraut, das man Pferde so hart quält!

Angeblich sollten hier keine Autos in der Innenstadt fahren. Aber es kam gerade ein Auto gefahren, sogar ein Bus fuhr im Schneckentempo durch die Innenstadt. Ansonsten rasten auch genug Motorräder durch die Fußgängerzone, so dass man gut aufpassen musste.

Der alte Dom war mit Abbildungen, Reliefen und Zeichnungen verziert, die Menschen und Götter darstellen sollen. Auf einem Sockel vor dem Dom sah ich eine Statue mit Romulus und Remus, den Gründern von Rom. Die zwei Kinder sollen früher von einer Wölfin mit

Milch gesäugt worden sein. Später schlug Romulus aus Eifersucht und Neid seinen Bruder Remus tot und gründete alleine die Stadt Rom. Gut, dass Romulus schon tot war, sonst wäre er wohl "hinter Gittern" gelandet!

Etwas weiter in der Stadt standen viele uralte Gebäude mit Balkonen, die so aussahen, als ob sie bald herunterfallen würden. Aber das haben wir nicht mehr gesehen. Wahrscheinlich geschah dies direkt nach unserer Abreise!

Am interessantesten fand ich die Burg mit hoher und langer Burgmauer. Ich wollte gerade hochklettern, als mein Erdenvater mich zurück pfiff. Schade, denn die Aussicht oben wäre nicht schlecht gewesen! Vielleicht haben normale Menschen nicht so starke Knochen wie wir, die uns vor Sturzschäden bewahren.

Meine Erdenmutter wollte vom Parkplatz aus direkt zum Dom gehen, durch ein tiefes Tal, in dem Getreidefelder wuchsen, und wo es sehr steil bergab und wieder bergauf ging. Aber zum Glück hatte mein Erdenvater den richtigen Weg an der Straße entlang über eine Brücke zum Dom gefunden, ohne dass wir hinauf und hinunter klettern mussten. Das war natürlich mehr in meinem Sinne, da man hier auf der Erde beim Klettern mit nur zwei Beinen erheblich leichter aus der Puste kommt, als mit vier (wie es auf unserem Planeten üblich ist).

Florenz

Florenz, Firenze, jeder hatte seinen eigenen Namen für diese Stadt. Ich nannte sie einfach die "Motorradstadt". Hier lebte jeder Mensch ständig in der Gefahr, von einem schnellen Motorrad gestreift zu werden. Es war auch sehr voll! Offensichtlich hatten einige der Menschen eine Taktik entwickelt, unbeschadet die Straße zu überqueren, denn es liefen sehr viele Humanoiden herum.

In der Innenstadt standen viele Statuen auf den Dächern und den Fenstern und ließen sich ohne Proteste von den Tauben als Sitzplatz zweckentfremden. Als Taubenparadies galt in diesem Sinne der Riesenbrunnen mit Neptun in der Mitte. Ein Brunnen mit Wasser, warmen Stein und Springbrunnen – Taubenherz, was willst du mehr!

Auch eine andere Fauna gedieh hier prächtig: die Fische. In dem Fluss unter der großen Brücke, der hier Arno hieß, schwammen riesengroße Karpfen. Ich bin vielleicht kein Sauberkeitsfanatiker, aber zusammen mit Pappbechern, weggeworfenen Zigaretten und Fastfood-Abfällen zu schwimmen, wäre nicht so in meinem Interesse. Aber vielleicht hatten sich die Karpfen ja schon daran gewöhnt oder planten bereits ihre Flucht!

Certaldo

Hier gab es eine sehr alte Zahnradbahn in die Berge. Sie wirkte antik, selbst für menschliche Verhältnisse. Wahrscheinlich waren wir die ersten Fahrgäste seit geraumer Zeit – oder der Techniker war von seinem Urlaub in kühlere Gegenden nicht ins heiße Italien zurückgekehrt (was ich verstehen konnte!).

Wir warteten und warteten – und hofften inständig, dass unser Wasser nicht ausging!

Als die Bahn endlich quietschend ankam, erschienen auch andere Passagiere, die nach oben wollten. Die Fahrt war extrem langsam. Mit den Füßen wäre es schneller gegangen.

Oben angekommen haben wir wieder diese gefrorene Flüssigkeit gegessen, die Gelati genannt wird. Sie diente mir als ein Wasserersatz.

Es wirkte alles sehr trocken. Hätte ich doch nur meine Universal-Wasserflasche mitgenommen! Ich war am Verdursten!

Wenigstens leistete mir die großartige, aber ungeehrte Erfindung des Menschen Schutz: mein "Käppi". Auch meine selbsttönende Brille war inzwischen nicht mehr futuristisch. Sie rettete mich bei zu großer Sonneneinstrahlung.

Mir war aufgefallen, dass Touristen wirklich wie Lamas waren: Sie spuckten ständig auf den Boden, latschten überall hin und brauchten wenig Wasser.

Zum Abschluss nahmen wir auf dem Weg nach unten wieder die quietschende Holperbahn. Und im Schritttempo ging es hinab!

San Gimignano

Hier standen viele riesig hohe alte Türme herum, von denen kein Erdenbewohner wusste, wozu sie einst gebaut worden waren. Wahrscheinlich dienten sie nur der Zierde. Wer so viel Material verschwendet hatte, musste aber auch ein ziemlicher Angeber gewesen sein!

Meine Rasse scheint wirklich dem Menschen überlegen zu sein, denn wir bauen nicht übertrieben hohe Bauwerke, die keinerlei Nutzen bringen. Vielleicht konnte man da oben auch einen guten Rundblick erlangen, wer weiß? Aber dazu reicht auch ein einziger Turm, man braucht nicht so viele Türme zu bauen!

In der Stadt gab es eine Menge kleinerer Geschäfte, wo wir eines meiner Lieblingsgerichte, die köstliche italienische Spezialität "Pizza", kauften und aßen.

San Galgano

Heute haben meine Erdeneltern mit mir eine Kirche ohne Dach besucht. Das Dach wurde nicht etwa abgebaut, sondern fiel dem "Zahn der Zeit" zum Opfer, was auch immer das heißen soll. Auf jeden Fall war das Dach irgendwann eingestürzt, zerbrochen und die Reste wurden weggeworfen.

Diese Kirche eignete sich natürlich nicht mehr zum Gottesdienst, da die Bibel angeblich verbot, in der Kirche Strandkleidung zu tragen oder bei schlechtem Wetter unter einem Regenschirm die zehn Gebote vorzulesen. Die Gläubigen hatten jetzt eine andere Kirche oder leugneten die Existenz eines Gottes. Jeder tat das, was ihm lieb war.

Das unbewohnbare Haus war natürlich eine Attraktion für alle Touristen. Das sind im Zusammenhang mit der heißen Toskana alle Menschen, die mit wenig Schatten auskommen!

Jetzt fanden hier in der Kirche ohne Dach abends Musikaufführungen und Theaterspiele statt.

Pisa

Der "Schiefe Turm" in Pisa war wirklich sehr schief! Wegen der starken Sonneneinstrahlung waren meine Erdeneltern und ich für jeden kleinen Schatten dankbar, den wir in Pisa fanden. Ich kaufte mir eine kleine Nachbildung des schiefen Turms.

Der Turm war früher nicht immer schief, sondern hat sich durch die Bewegungen im Erduntergrund verschoben. Da die Menschen dazu neigen, Absonderlichkeiten der sicheren Ordnung vorzuziehen, beschlossen sie, den Turm nicht ganz aufzurichten. Nun sind wir Außerirdische natürlich klüger und würden das Risiko ganz minimieren. Aber die Menschen haben eben eine Sucht nach Auffälligem, solange es als Symbol der Stadt bekannt ist – und das ist nicht nur in Italien so!

Auch die Häuser in Pisa waren verhältnismäßig alt, fast primitiv und wurden aus „Kostengründen“ nicht mehr regelmäßig renoviert.

Die verrückte Logik der Erdlinge besagt, dass etwas, was täglich durch die Sonne austrocknet und verfällt, nicht wieder restauriert werden muss.

Übrigens dachte ich schon im 18. Jahrhundert gelandet zu sein: Manche Menschen zogen auf den heißen Straßen tatsächlich Pferdekutschen den Autos vor. Dagegen verringerte sich die Anzahl der Motorräder und Autos leider nicht. Und diese lieferten sich mit den Pferden ein ungleiches Duell: Die armen Tiere. Ich wollte nicht an ihrer Stelle sein!

12. Kapitel: London

Berühmte Sehenswürdigkeiten

Liebe Brüder!

Ich weiß, es ist lange her, seit ich euch geschrieben habe, aber ich hatte viel zu tun! Ich war so viel unterwegs auf der Erde!

Erst kürzlich bin ich von einem Urlaub in London zurückgekehrt. London (ich muss aufpassen, sonst schreibe ich noch versehentlich "Long Dong") ist eine sehr seltsame Stadt. Es gibt Sehenswürdigkeiten, die meiner Meinung nach nicht sehr sehenswert oder gar beachtenswert sind, aber da sie nun einmal dazu erklärt wurden, will ich nicht zu sehr widersprechen und versuchen, den Geschmack der Erdlinge zu verstehen.

Als erstes stach einem in London etwas ins Auge (keine Angst, dass ist nur wieder so eine Redewendung, niemand sticht einem absichtlich ins Auge, wenn man in diese Stadt kommt, höchstens versehentlich Passanten in der U-Bahn in die Rippen).

Wo war ich stehen geblieben, wo wollte ich weiterschreiben? Ach ja: "Ins Auge stach" einem der Big Ben. Dem Namen nach müsste es sich um eine gewichtige Persönlichkeit handeln, die jeder kennt, doch die fand ich nicht. Aber ich habe das Rätsel gelöst: Der Big Ben war kein Mann, er war nicht einmal lebendig, sondern eine alte Uhr, die in einen Turm eingebaut wurde und sehr laut "gongte".

Das zweite, was London berühmt machte, war sein Auge, auf Englisch: "London Eye". Natürlich hatte die Stadt keine wirklichen Augen. Das „Auge“ war ein riesiges Karussell, ein Riesenrad mit herrlicher Aussicht über die Stadt London.

London war außerdem eine Stadt, in der es sehr häufig regnete.

Erlebnis auf dem Flohmarkt

Wo wir gerade von Wasser reden: Als ich auf einem Flohmarkt auf der Suche nach einer Kloschüssel war, um einem (hüstel) „Ruf der Natur zu folgen“ wie es hier treffend hieß, wurde ich Zeuge eines erschütternden Phänomens: Die Toilette for Men (So nennt man Angehörige des nicht-weiblichen Geschlechts in England) war von einer Frau besetzt! Und welch eine Frau! Sie war schlecht gelaunt und beleibt und verbat uns den Zugang zu den erlösenden Wassertöpfen. Ein Mann, der ziemlich schwitzte, war über diese Schamlosigkeit ebenfalls erzürnt und attackierte die Dame mit einem Messer. Die wiederum verbannte mit einer Art Plastikbesen alle anwesenden Männer! Es entstand ein Zweikampf biblischen Ausmaßes, doch ich zog vor, "ein paar Kilos zu verlieren", bzw. "mich dünne zu machen" (so heißt der Erdenbegriff für überschnellen Abgang oder auch Flucht) und suchte mein Heil darin. Das „Wasserablassen“ musste ich demzufolge verschieben.

Wachsfigurenkabinett

Ich hatte bereits die bekanntesten Sehenswürdigkeiten der Stadt erwähnt. Darunter fällt auch ein Museum, in denen man „ausgestopfte“ Menschen begutachten konnte. Ja wirklich! Die Erdenbewohner stellten nicht nur schamlos tote Tiere zur Schau, sondern auch berühmte

Persönlichkeiten! Praktischerweise waren einige von ihnen längst tot und konnten so gegen die Ungehörigkeit keinen lautstarken Protest erheben. Allerdings hatte ich festgestellt, dass sie aus sogenanntem Wachs (ein flüssiges warmes Material, das hart wird, wenn es abkühlt) gefertigt wurden. Manche wirkten echt lebendig, andere echt falsch.

Einige interessante Figuren im Wachsfigurenkabinett waren Abraham Lincoln und Julius Cäsar. Beide waren sich sehr ähnlich – denn beide wurden Opfer eines Anschlages. Ein gewisser Napoleon (das ist sein Vorname!) war berühmt für seine unsinnige Angewohnheit, immer eine Hand in die Seite zu stecken. Vielleicht hatte er dort sicherheitshalber eine Pistole versteckt?

Aus wissenschaftlicher Neugierde stand ich auch öfters still, um zu sehen, ob jemand den Unterschied zwischen echt und falsch bemerkte. Bedauerlicherweise waren die meisten Wachsfiguren auf Podesten (eine Art Mini-Säule auf dem Boden) oder auf einer kleinen Erhöhung aufgestellt. Jedenfalls war das Ganze ganz nett, aber auch irgendwie langweilig. Die Erdenbewohner bzw. Museumsbesucher neigten wohl dazu, sogenannte „berühmte“ Leute praktisch anzubeten. Und es war ihnen egal, ob ihr Idol aus Fleisch und Blut (und Knochen und Organen und was weiß ich noch) oder nur aus farbigem Wachs bestand. Die meisten Erdlinge ließen sich mit den "Wachsdeppen" sogar fotografieren. Vielen fiel es schwer, einen Unterschied zwischen der historischen Figur und seiner Kopie zu sehen. Erst kürzlich hatte mir mein Erdenvater von einem Spinner erzählt, der einen gewissen Adolf Hitler im Museum angegriffen und geköpft hatte. Dabei hatte der Wachsmensch ihm gar nichts getan. Er verwechselte die Wachsfigur mit dem echten Adolf Hitler, der für den Tod sehr vieler Menschen verantwortlich ist. Zum Glück können solche Schönheitsfehler bei Wachsfiguren jederzeit bereinigt werden. Man muss nur neues Wachs einsetzen.

Auch im Café (eine Art Restaurant) waren einige falsche Kellner (Wachsmenschen) unters Volk, bzw. unter die Cafegäste gemischt worden. Damit meine ich nicht, dass sie schlecht arbeiteten. Sie bewegten sich einfach nicht und machten keinen Mucks.

Natural History Museum

In einem anderen Museum waren Steinskulpturen, alte Figuren von alten griechischen Göttern anzusehen. Früher glaubten die Menschen an mehrere Götter. Kurioserweise sprechen auch manche Gelehrte heute noch lateinisch, obwohl die römische Sprache nicht mehr gesprochen wird. Daneben gab es noch große Skelette von ausgestorbenen Riesenechsen zu bewundern, den Dinosauriern.

Eine Figur hat mir sehr gefallen. Es war ein steinernes Abbild von Charles Darwin! Dieser Mensch war der erste, der den Mut hatte zu behaupten, der Mensch sei mit dem Tier auf eine Stufe zu stellen. Darauf sind nämlich die anderen Erdlinge nicht gekommen und haben es offenbar erst nach Darwin kapiert.

Zusätzlich besuchten wir ein wissenschaftliches Museum mit primitiver Erdentechnologie. Ein Apparat hat mich heimwehkrank gemacht: die Morphingtechnologie erlaubte einem Menschen (bisher nur am Computer) sich langsam in einen anderen Mitmenschen zu verwandeln. Natürlich benutzen wir Außerirdischen diese Technik bereits im Kindergarten, aber sie gab mir doch etwas Vertrautheit auf diesem gruseligen Planeten – auch wenn sie hier noch so rückständig sein mag.

13. Kapitel: Scotland

Abflug

Während meiner Reise auf der Erde habe ich mir eine Woche im Oktober Schottland angesehen:

Heute war ein sehr ereignisreicher Tag. Wir flogen nach Schottland. Aber zuvor ging es durch eine Sicherheitsprüfung am Flughafen. Es war schon fast peinlich. Eine Freundin meiner Erdenmutter musste in Socken herumlaufen, da ihre Schuhe genau untersucht wurden. Als ob Schuhe gefährlich waren! Gut, dass es im Flugzeug etwas zu trinken und zu essen gab, denn es war verboten, Getränke mit in das Flugzeug zu nehmen. Wasser galt nämlich als gefährlich!!

In London mussten wir sogar das Flugzeug wechseln, allerdings nicht in der Luft. Wir landeten, mussten mit Bahnen fahren und in ein anderes Flugzeug umsteigen.

In Schottland lieh sich meine Erdenmutter ein englisches Auto aus. Sie wusste aber nicht, wie eine Schranke funktionierte. Sie stand mit dem Auto davor und erst die anderen hinter ihr brachten sie mit ihrem Hupen auf die Idee, etwas näher an die Schranke heran zu fahren, damit sich diese öffnete. Die Schotten hatten Sensoren eingebaut, worüber ich freudig überrascht war.

Eine Besonderheit hier im Land ist das Steuer. Wir im Raumschiff haben das Rad in der Mitte, in Deutschland rechts und hier im Lande ist es merkwürdigerweise links.

Schottisches Fernsehen

Wir wohnten in Glasgow in einem Hotel, das auch einen Fernseher hatte. Da habe ich Menschen gesehen, die sich alle um einen Ball stritten, sich gegenseitig bekämpften und aufeinander sprangen. Es sah sehr lustig aus. Ich habe dann erfahren, dass das keine Schlägerei war, sondern Rugby, ein offizieller Sport hier in Schottland. Es gab sogar gerade eine Rugby-Weltmeisterschaft in Edinburgh! Auf solche Ideen können wirklich nur Erdlinge kommen!

In Glasgow war es recht kalt. Meine Erdenmutter und ich zogen deshalb unsere Skijacken an. Aber die Schotten liefen alle im T-Shirt herum. Wir fielen auf, weil wir die einzigen waren, die dick angezogen waren. Alle guckten uns an. Meine Erdenmutter wunderte sich. Haben die Schotten keine Hautempfindlichkeit? Sind sie etwa so wie wir Außerirdischen? Vielleicht kommen die Schotten auch aus dem Weltraum?

Bunkhouse

Wir haben in Edinburgh einen alten Bekannten besucht, der dort in einem Heim mit sogenannten "Behinderten" arbeitet.

Weil wir lange mit ihm unterwegs waren, fanden wir keine Unterkunft mehr für die Nacht. Als es schon dunkel wurde und wir uns Sorgen machten, wo wir schlafen könnten, fanden wir endlich ein Bunkhouse.

Das war lustig: Es gab hier viele Zimmer mit Etagenbetten. Außer uns wohnte niemand dort, so dass wir das ganze Bunkhouse für uns alleine hatten. Zuerst kochten wir uns ein leckeres Mahl mit Nudeln!

Das Bad war schon merkwürdig hier. Es gab immer zwei Wasserhähne: aus einem kam kochendheißes und aus dem anderen kam eiskaltes Wasser. Man musste selber im Waschbecken mischen und verbrannte sich dabei immer die Hände. Die Erfindung einer Mischbatterie schien es noch nicht bis nach England geschafft zu haben!

Im Park traf ich eine alte Frau, die einen ganz gefleckten Hund hatte. Es war ein Dalmatiner, den ich sehr mochte. Er war sehr lieb und ließ sich streicheln.

Außerdem gab es Schaukeln. Da habe ich mit großer Freude lange drauf geschaukelt! Liebe Brüder, das war richtig gut!

Loch Lomond

Die Schotten nennen einen See "Loch". Das passt auch, denn ein See ist ja auch ein Loch in der Erde, nur mit Wasser gefüllt.

Neben den Lochs gab es viel Wald und viel Natur, was mir sehr gut gefiel. Diese Gegend kann ich euch Brüdern wirklich sehr empfehlen für einen Abstecher auf die Erde!

Manchmal regnete es allerdings viel. Einmal regnete es den ganzen Tag und die Schotten sagten, dass es "Hunde und Katzen regnet". Ich sah aber keine Tiere, weder am Himmel noch auf der Erde. Die hatten sich vor dem Regen lieber in Sicherheit gebracht. Die Menschen haben oft komische Ausdrücke!

Heute haben wir einen Dudler gesehen. Nein, das war keine Hunderasse auf diesem Planeten, sondern eine Bezeichnung für einen Schotten in traditioneller Tracht, der, ohne einen Ton zu treffen, in der Stadt seine Unfähigkeit am "Dudelsack" präsentierte. Er trug einen Rock, wie es normalerweise nur die Frauen taten. Auf dem Kopf hatte er einen besonderen Kopfschmuck. Und alles war mit einem sich kreuzendem Muster überzogen, das hier Kilt genannt wurde.

Zur Erinnerung an diese merkwürdigen Menschen habe ich mir die kleine Figur eines Dudlers gekauft.

14. Kapitel: Mallorca

Urlaub auf Mallorca

Als Nächstes habe ich mir Mallorca angeschaut. Da habe ich Urlaub gemacht und mich erholt. Ja wirklich, ihr braucht keine Lese-Hilfe (auch Brille genannt). Ihr lest richtig: Obwohl der Urlaub in Schottland erst vor kurzem war, haben meine Erdeneltern mich schon wieder mitgenommen.

Ich muss jedoch zugeben, dass es mir diesmal sehr gut getan hat. Nach dem Urlaub merkte man erst, wie sehr man die Ferien (die Zeit, die man nicht in der Schule verbringen muss, oder im Falle der Erwachsenen, nicht arbeiten muss) genossen hat.

Hitze

Auf Mallorca war es sehr heiß. Es gab sogar Palmen dort, das ist die Sorte von Bäumen, die ausschließlich an Orten mit trockenem Boden wächst und gedeiht. Mallorca war keine Stadt in Mexico, sondern eine Insel von Spanien.

Eine Sache war hier überlebenswichtig, das Trinkwasser! Und Käppies (oder breitkrempige Hüte) gegen die Sonneneinstrahlung waren unbedingt notwendig. Ohne diese beiden Dinge hielt man den Besuch auf einem sonnendurchbrannten Markt nicht aus.

Dort wurde überwiegend mit Melonen gehandelt, die sehr gut und saftig schmeckten. Ein beliebtes Getränk für Touristen waren Orangen, deren Saft frisch ausgepresst wurde.

Die beste Zeit des Tages war der Abend, wenn die Stadt zur Ruhe gekommen war. Es wurde auf Mallorca immer erst spät dunkel, so dass man den kühlen Abend wirklich genießen konnte.

Auch von Mücken war meine Erdenfamilie verschont geblieben. Dafür sorgten viele Anti-Mücken-Kerzen, die auf dem Tisch standen. Selbstverständlich wurde bei der Hitze immer draußen gespeist. Unsere Speiseterrasse lag hinterm Haus unter freiem Himmel.

Strand und Meer

Ein Muss auf Mallorca war das Meer. Allerdings konnte man es ohne Sonnencreme nicht am Strand aushalten, weil man sonst rote Haut erhielt.

Schwimmen ließ es sich gut im warmen Wasser. Es war sauber und klar. Dank meiner Schwimmtechnik habe ich viel Abkühlung im Wasser bekommen. Mit einer Taucherbrille und einem speziellen Plastikteil, das "Schnorchel" genannt wurde, konnte ich viele Fische beobachten.

Als besonders erholsam auf Mallorca empfand ich die sogenannten Tropfsteinhöhlen, in denen es überraschend kalt war.

Spanische Kultur

Bekannte Klischees waren hier die schon erwähnten breitkrempigen Hüte gegen die Sonne, "Kastagnetten" (muschelartige Musikwerkzeuge) und Stierkämpfe. Leider kämpften die Stiere nicht freiwillig gegeneinander, sondern wurden von Einheimischen (das heißt Spaniern) dazu abgerichtet, anzugreifen, wenn sie ein rotes Tuch sahen.

Gern getrunken wurde in den Bars in Spanien Feuerwhisky und -wasser und Kakteentee oder ähnliches. Ich habe mich hier nicht näher erkundigt, weil ich etwas abgeschreckt von all dem war. Außerdem trinke ich nie Alkohol, was wir Außerirdischen alle ablehnen.

Autofahren

Meine Erdeneltern liehen sich ein Auto aus, mit dem wir auf der Insel herumfuhren. Die Straßen auf Mallorca waren sehr eng. Es blieb mir ein Rätsel, warum hier überhaupt Autos zugelassen wurden und nicht Maultiere. Die passen viel besser durch diese Straßen.

Es gab auch kaum Parkplätze hier, so dass wir oft weit laufen mussten. Durch die vielen Autos war die Luft meistens schlecht. Zum Bäcker und zum Supermarkt mussten wir immer zu Fuß gehen und alles schleppen, weil das Auto in der engen Straße nicht die Durchfahrt blockieren durfte.

15. Kapitel: Mein letzter Besuch bei den Erdlingen

Liebe Brüder im All; ihr wisst es ja bereits: Ich bin noch einmal auf die Erde geflogen. Es waren einige Jahre vergangen, und ich hatte in unserem herrlichen Universum oft an die Menschen denken müssen.

Deshalb wollte ich sie noch einmal besuchen und schauen, ob sie sich weiter entwickelt haben. Den Erdlingen wollte ich Zeit zum Reifen geben!

Universitas

Dieses Mal wollte ich nicht wieder den Fehler machen und eine der primitiven und altmodischen Lernanstalten, die sogenannten „Schulen" besuchen, wo kein Erdling etwas lernen kann. Deshalb hatte ich eine höhere Bildungsanstalt ausgewählt. Diese lag nicht, wie man dem Namen nach meinen könnte, auf einem „hohen Berg", sondern sollte wissenschaftliches Wissen für den „hohen Geist" im Gehirn vermitteln.

Ich war gespannt! „Homo sapiens" heißt ja schließlich „der gebildete Mensch"!

Aber eine Universität besuchen zu können, war gar nicht so einfach, wie ich es mir vorgestellt hatte. Zuerst einmal musste ich viele bürokratische Formalitäten erledigen. Das fand ich sehr kompliziert. Zum Glück halfen mir einige geschulte Bürokraten bei dem Ausfüllen der vielen Papierbögen. So etwas Kompliziertes gab es bei uns zum Glück nicht!

Danach musste ich an einer Aufnahmeprüfung teilnehmen – und sie auch noch positiv bestehen! Ich wurde von hochangesehenen Professoren nach allen möglichen und unmöglichen Dingen ausgefragt. Die Antworten fielen mir als Außerirdischer nicht schwer, wenn auch die Professoren manchmal etwas verwirrt waren. Aber Menschen sind ja schnell verwirrt, wenn wir Außerirdische unser Wissen weitergeben.

Am Ende gaben sie mir einen Zettel, auf dem geschrieben stand, dass ich an der Universität studieren durfte.

Tagesablauf eines Studiosus

Der Tagesablauf eines Studierenden war sehr wechselhaft und ereignisreich.

Wie in der Schule hatte jeder einen eigenen Stundenplan für jeden Wochentag. Das klang erst einmal vernünftig, war es aber auf Dauer nicht. Denn dieser Plan wurde laufend durcheinander gewirbelt. Die angegebenen Räume wechselten häufig. Mal fand ein Seminar im Erdgeschoss statt, in der nächsten Woche dann zwei Räume weiter und danach auf einmal im Obergeschoss. Ich brauchte immer viel Zeit, bis ich überhaupt den Raum zum Lernen ausfindig gemacht hatte.

Und zusätzlich gab es überraschenderweise noch Exkursionen. Der Professor sagte einmal, dass wir uns am nächsten Tag an einem ganz anderen Ort irgendwo in der Stadt treffen sollten. Ich glaube, das erforderte größere Mühen und Anstrengungen von mir als Außerirdischen, denn ich kenne mich nur in unserer Galaxis gut aus, nicht aber in dieser fremden Universitätsstadt.

Häufig fielen die Seminare einfach aus. Oft war ich der einzige, der das nicht mitbekommen hatte. Oder wenn doch, dann viel zu spät!

Eine weitere Besonderheit war die Anzahl der Lernwilligen. Es gab Seminare, da waren so viele Erdlinge anwesend, dass alle Stühle besetzt waren und viele deshalb auf den Schreibtischen saßen, so dass ich nichts mehr aufschreiben konnte. Andere saßen sogar auf dem Fußboden. Die verbrauchte Luft im Raum ließ mir keine Möglichkeit zum Atmen mehr!

Solche Seminare mied ich dann in der Regel!

Die Hauptaufgabe im Studium bestand für die Studenten nicht etwa darin, Wichtiges zu lernen, sondern „Credit Points" zu sammeln. Das waren Punkte, die jeder brauchte, damit er irgendwann das Studium als Experte abschließen konnte.

Das hatte ich zunächst nicht richtig verstanden, so dass ich in übervollen Seminaren wegen Überfüllung keine Credit Points gesammelt hatte. Diese fehlten mir am Ende. Und so musste ich dann doch irgendwann diese unangenehmen vollen Seminare besuchen.

Professoren

Die Lehrer an der Universität wurden „Professoren" genannt.

Es gab da nette und freundliche Exemplare, aber auch einige, die mich als Außerirdischen überhaupt nicht verstehen konnten.

Einer namens Professor Greuel war jedes Mal über meine Arbeitsergebnisse entsetzt. Anstatt mir dann zu erklären, was ich anders machen sollte, meinte er, dass er meine Zugangsberechtigung zum Studium noch einmal persönlich überprüfen müsste. Das verwunderte mich, denn ich hatte doch neben dem Abitur noch eine Aufnahmeprüfung bestanden. Die Erdlinge verwirrten mich immer wieder mit ihren vielen Überprüfungen!

Andere Mitstudenten erklärten mir dann später, dass Professor Greuel mit allen Studenten, die nicht genauso arbeiteten wie er es sich wünschte, so umging. Ich sollte ihn einfach in Zukunft meiden.

Die netten Professoren waren freundlich. Ich konnte sie in ihrer Sprechstunde fragen, was sie genau von mir wollten. Im Seminar waren sie allerdings meistens ziemlich unpräzise. Sie deuteten fast immer die zu erledigenden Aufgaben nur an, so dass ich sie nicht verstehen konnte. Wir Außerirdischen sind es gewohnt, klare Angaben zu erhalten, die wir auch genauso korrekt bearbeiten.

Mir gefiel, dass mich einige Professoren für meine kreativen Ideen lobten. Sie gaben mir dann Credit Points mit sehr guten Noten!

Mitstudenten

Der Homo Sapiens hatte sich im Umgang mit mir wirklich weiter entwickelt. Meine Mitstudenten, die hier „Kommilitonen“ genannt wurden, waren höflich, freundlich und nett zu mir. Wenn ich ihnen von meiner außerirdischen Herkunft berichtete, schienen sie nicht erstaunt, sondern meinten nur „OK“. Diese Menschen zeigten Toleranz, was mir gut gefiel.

Allerdings gab es keine Freundschaften mit ihnen. Sie unterschieden sich doch zu sehr von mir.

Sie hatten wirklich ganz andere Interessen, wie Fußball, ein uninteressantes lautes Ballspiel mit 22 Jungen. Oder sie liebten Popmusik, ein lautes Gedudel, das mit Verstärkern nochmals lauter wurde. Sie besuchten abends Discos mit flimmernden Lichtern zu lauter Musik und vielen Menschen in einem engen Raum. Ansonsten waren bei ihnen Partys beliebt, wo junge Menschen stinkende Zigaretten rauchten und zudem viel ungesunde Flüssigkeit (Alkohol) zu sich nahmen.

Freunde

Diesmal habe ich sogar Freunde auf der Erde gefunden! Denn es gab - außer mir - noch mehr Außerirdische hier. Das überraschte mich sehr und ich war natürlich hoch erfreut. Sie trafen sich regelmäßig und unternahmen gemeinsame Aktionen, die Außerirdische gerne machen. Ich bin dann immer dazu gekommen.

Wir hatten große Freude daran, lange Spielabende durchzuführen. Oder wir unternahmen lange Wanderungen in der Natur, bei dem uns ein gelernter Wanderführer die richtigen Wege zeigte. Ein anderes Mal fuhren wir mit Ruder- und Tretbooten auf einen Natursee, und wir besuchten einige Museen mit einer interessanten Führung. Es gab auch Anleitungen zur Meditation durch einen geschulten Lehrer.

Einmal gab es sogar einen Tanzkurs für Standardtänze. Allerdings machte mir dieses Tanzen überhaupt keinen Spaß. Ich fand es schöner, wenn ich mich ohne vorgeschriebene Fußbewegungen einfach so nach der Musik bewegen konnte, eben so, wie ich es wollte.

Mit einigen Außerirdischen war ich richtig gut befreundet. Wir schickten uns regelmäßig Nachrichten über den Computer mithilfe des Internets und verabredeten uns zu Treffen. Dann gingen wir zusammen ins Kino oder redeten miteinander. Wir diskutierten dabei oft über die Erdlinge mit ihren merkwürdigen Gewohnheiten.

Urlaub

Auch bei der Urlaubsgestaltung gab es ein interessantes Angebot. Es existierte ein Segeltörn exklusiv nur für uns Außerirdische! Da habe ich mich sofort angemeldet. Wir waren mit sechs Außerirdischen auf einem Segelboot in den schwedischen Schären – das sind kleine Inseln - unterwegs. Es war genau richtig für mich! In der schwedischen Natur auf dem offenen Meer und unter dem Himmel fühlte ich mich so frei wie zu Hause in unserer Galaxis! Liebe Brüder im All, es war wirklich wunderbar!

Auf dem Boot habe ich bei dieser Tour gleich noch einen neuen Freund gefunden. Diesen besuchte ich später mehrmals, auch er kam zu Besuch. Und der nächste außerirdische Segeltörn wurde natürlich sofort wieder gebucht!

Freizeitbeschäftigungen

Endlich konnte ich auf der Erde das tun, was mir wirklich Lust und Spaß bereitete. Ich konnte in die Kinofilme gehen, die mich interessierten, zusammen mit Freunden, die sich auch gern diese Art von Science Fiction Filmen ansahen.

Ich konnte nun endlich interessante Bücher lesen, alles über Mythologie und antike Götter, über Hintergründe von James Bond und Star Wars, die Comics über Batman, Superman, Hulk und andere Superhelden, und über viele andere hochinteressante Dinge!

Ich begann nun regelmäßig Sport zu treiben, damit meine Muskulatur nicht verspannte. Kampfsportarten interessierten mich besonders. Zuerst probierte ich Aikido aus, wechselte dann aber zu Karate, was mich körperlich mehr forderte.

Nachmittags unternahm ich mit meinem Fahrrad ausgiebige Radtouren. Im Winter konnte ich in den Schnee fahren und dort mit den Skiern die Berge runterflitzen.

Einmal in der Woche ging ich zum Theaterspielen, um mich zu entspannen. Mit anderen Theaterbegeisterten probten wir verschiedene Stücke, die wir danach vor Menschenmassen vorspielten. Das machte mir großen Spaß, denn als Außerirdischer fiel es mir leicht, andere Menschen nachzuahmen. Das hatte ich auf der Erde die ganze Zeit über sowieso schon immer geübt!

Und ich durfte nun jeden Tag zeichnen! Es gab keine Lehrer mehr, die mir das Zeichnen verboten. Im Gegenteil, den Erdlingen gefielen meine Bilder sogar und sie fragten mich, ob ich sie nicht ausstellen wollte. Das hatte mich zunächst überrascht, aber dann auch sehr gefreut. Ich stellte viele Bilder an unterschiedlichen Orten in verschiedenen Städten aus.

Liebe Brüder im All, ich habe mich entschlossen, nun auf der Erde zu bleiben. Ich weiß, ihr werdet mich dort oben vermissen! Aber ich bin hier nun auch nicht mehr allein, habe einige außerirdische Freunde und fühle mich insgesamt richtig wohl hier!

Alles Gute!

Lebensberichte von autistischen Autoren

Blickenstorfer, Dominique (2004): Meine Welt – Deine Welt. Meine Lebensgeschichte mit Asperger-Syndrom und Hochbegabung. Berlin.

Brauns, Axel (2002): Buntschatten und Fledermäuse. Mein Leben in einer anderen Welt. Hamburg.

Gerland, Gunilla (1998): Ein richtiger Mensch sein. Autismus – das Leben von der andern Seite. Stuttgart.

Grandin, Temple (1997): Ich bin die Anthropologin auf dem Mars - Mein Leben als Autistin. München.

Hughes, Elisabeth (2007): Asperger-Syndrom. Fluch oder Chance. Ludwigshafen. (2. Auflage).

Newport, Jerry/ Newport, Mary (2005): Crazy in Love. Ein autistisches Paar erzählt seine Geschichte. München.

O'Neill, Jasmine Lee (2001): Autismus von innen. Nachrichten aus einer verborgenen Welt. Bern.

Preißmann, Christine (2005): ... und dass jeden Tag Weihnachten wär'. Wünsche und Gedanken einer jungen Frau mit Asperger-Syndrom. Berlin.

Prince-Hughes, Dawn (2005): Heute singe ich mein Leben. Eine Autistin begreift sich und ihre Welt. Berlin.

Robinson, John Elder (2008): Schau mich an! Mein Leben mit Asperger. Köln.

Rohde, Katja (1999): Ich Igelkind - Botschaften aus einer autistischen Welt. München.

Schäfer, Susanne (2002): Sterne, Äpfel und rundes Glas. Mein Leben mit Autismus. Stuttgart. (2. Auflage).

Schuster, Nicole (2007): Ein guter Tag ist ein Tag mit Wirsing. Das Asperger-Syndrom aus der Sicht einer Betroffenen. Berlin.

Tammet, Daniel (2007): Elf ist freundlich und Fünf ist laut. Ein genialer Autist erklärt seine Welt. Düsseldorf.

Willey, Liane H. (2003): Ich bin Autistin – aber ich zeige es nicht. Leben mit dem Asperger-Syndrom. Freiburg im Breisgau.

Williams, Donna (1994): Wenn du mich liebst, bleibst du mir fern. Eine Autistin überwindet ihre Angst vor anderen Menschen. Hamburg.

Zöller, Dietmar (1992): Ich gebe nicht auf. Aufzeichnungen und Briefe eines autistischen jungen Mannes, der versucht, sich die Welt zu öffnen. Bern, München, Wien.

Publikationen von Eltern autistischer Kinder

Barron, Judy & Sean (1992): Hört mich denn niemand. Eine Mutter und ihr Sohn erzählen, wie sie gemeinsam den Autismus besiegen. München

Freihow. Halfdan W.: (2005): Lieber Gabriel. Die Geschichte meines autistischen Jungen. Freiburg im Breisgau

Hundley, Joan M. (1974): Der kleine Außenseiter. Die Geschichte eines autistischen Kindes. Ravensburg.

Jarmann-Fendrich, Birgit (2007): Felix, der Glückliche. Ein Erfahrungsbericht zum Asperger-Syndrom. Norderstedt.

Moore, Charlotte (2004): Sam, George und ein ganz gewöhnlicher Montag. Mein Leben mit zwei autistischen Kindern. München.

Paradiz, Valerie (2003): Hörst du mich? Leben mit einem autistischen Kind. Düsseldorf und Zürich.

Santalahti, Sylvi (2004): Leben mit high-functioning-autism. Eine finnische Mutter berichtet. Berlin.

Weitere Bücher über Autismus

www.autismus-buecher.de

Immer aktuelle Infos per Twitter: @autismusbuecher

Michael Schmitz: *Alles über Autismus. Mit Beiträgen von Melanie Matzies-Köhler, Dietmar Zöller u.v.a.*

Alles in diesem Buch ist über Autismus: Bücher, Magazine, Blogs und Filme.
Ein Buch zum Blättern und Entdecken.
Das Buch soll Anregungen und Informationen geben und die Möglichkeit, sich in den einen oder anderen Schwerpunkt weiter zu vertiefen.
Insgesamt wurden für dieses Buch **über einhundert Beiträge** von verschiedenen Autoren zusammengetragen. Sie ergeben ein vielfältiges Bild – so vielfältig wie die Formen des Autismus.
Als eBook und gedruckt.

***

Temple Grandin: *Durch die Gläserne Tür. Lebensbericht einer Autistin*

Temple Grandin hat als erste Autistin ihren Weg und ihren Umgang mit der Diagnose Autismus beschrieben, sie ist die bekannteste Autistin weltweit. 2010 wurde sie vom Time Magazin zu einer der wichtigsten Persönlichkeiten der Welt in der Kategorie „Helden" gekürt.
In dem Buch „Durch die gläserne Tür – Lebensbericht einer Autistin" beschreibt sie *ihren* Autismus, ihre Art des Umgangs damit und ihre Lebensgeschichte.
Das Buch beschreibt ihre Kindheit in den USA in den 1950er Jahren, in denen es noch keine speziellen Angebote für Autisten gab. Die Ablehnung der anderen Schüler, die Versuche der Lehrer, sie zu unterrichten und zu interessieren und ihr eigenes Gefühl, völlig anders zu sein, als die anderen Menschen auf dieser Welt.
Ihre Mutter blieb hartnäckig, suchte immer wieder nach passenden Fördermöglichkeiten für die junge Temple. Bis sie selbst auf die Idee der „Quetschmaschine" kam. Langsam lernte sie, sich an die „normale" Welt zu gewöhnen, aber sie lernte auch ihr Qualitäten kennen und nutzen. Sie hatte besondere Fähigkeiten, das „sehen in Bildern", was ihr eine beispiellose wissenschaftliche und wirtschaftliche Karriere ermöglichte.

Dieses Buch ist persönlich, wissenschaftlich, geschichtlich und atemberaubend spannend.
Mittlerweile ist Temple Grandin Dozentin der Tierwissenschaften. Mehr als die Hälfte der kommerziellen Tierhaltungsanlagen Nordamerikas beruhen auf ihren Entwürfen.
Als eBook und gedruckt.

***

Temple Grandin: *Ich bin die Anthropologin auf dem Mars. Mein Leben als Autistin*

Als »Anthropologin auf dem Mars« bezeichnete sich die Autistin Temple Grandin in einem Gespräch mit Oliver Sacks - und wurde so zum Titel seines weltbekannten Buches. Hier beschreibt sie mit einer außergewöhnlich eindringlichen Sprache ihr Leben, das geprägt ist von der schmerzhaften Isolation durch ihr Anderssein. Der Leser erhält Zugang zu ihrer Bilderwelt und begreift mit fortschreitender Lektüre, dass Grandin den Autismus nicht beenden will, selbst wenn sie es könnte, da er »ein Teil dessen ist, was ich bin«.

»Es ist ein zutiefst bewegendes und faszinierendes Buch, weil es eine Brücke zwischen unserer und Temples Welt schlägt und uns einen Blick in einen ganz andersartigen Geist eröffnet.« (Oliver Sacks).

"Ich bin die Anthropologin auf dem Mars" ist eines der ganz wichtigen Bücher im Autismusbereich (und wurde z. B. 2013 ins Koreanische übersetzt).

Als eBook.

***

Temple Grandin: *Ich sehe die Welt wie ein frohes Tier. Eine Autistin entdeckt die Sprache der Tiere*

Sie werden auf jeder Seite des Buches überrascht. Temple Grandin trägt unendlich viele Fakten aus dem Tierreich zusammen und schlägt immer wieder den Bogen zu menschlichem und im besonderes autistischem Verhalten. Faszinierend.
Ihr drittes Buch in deutscher Sprache widmet sich vor allem der Beziehung zwischen Menschen und Tieren. Dabei lernt man kuriose Dinge über Tiere, erfährt neue wissenschaftliche Hintergründe aus der Autismusforschung und die spannenden Erkenntnisse aus der Tierforschung für den Autismusbereich. Themenbereiche, bei denen man Zusammenhänge auf den ersten Blick nicht vermuten würde, werden spannend miteinander verwoben.
Sie kann die Empfindungen von Tieren extrem gut nachvollziehen, dass sie dadurch wesentlich bessere Tierhaltungsanlagen bauen kann. Sie analysiert in ihrem Buch das Verhalten von Tieren, z. B. auch deren Schmerz und Leid, aber

auch die unterschiedlichen Gründe für aggressives Verhalten. Ein besonderes Schmankerl ist das Kapitel „Genial Tiere: Unglaubliche Begabungen". Und immer wieder stößt sie uns mit der Nase auf die besonderen Fähigkeiten von Menschen aus dem autistischen Spektrum – man muss sie nur erkennen und fördern.
Das Buch ist gut geschrieben, sehr lehrreich und wartet mit vielen neuen Erkenntnissen auch für den Autismusbereich auf.
Als eBook und gedruckt.

***

John Elder Robison: *Schau mich an! Mein Leben mit Asperger*

»Mit neun Jahren hatte ich eine Offenbarung: Ich kam dahinter, wie man mit anderen Kindern redet.«
Als Ausdruck seiner ehrlichen Zuneigung tätschelt er andere Kinder mit Knüppeln, grinst erleichtert, wenn ein Unbekannter stirbt und hält Halloween mit kleinen Explosionen im Vorgarten kinderfrei: Verhaltensweisen, die immer ein strenges *Schau mich an!* seiner Eltern zur Folge haben. John Elder Robison gilt in seiner Kindheit als »unnormal« und wird häufig gemieden. Als er sein großes Talent für elektrische Geräte entdeckt, öffnet sich ihm eine neue Welt: Er konstruiert flammenwerfende Gitarren für KISS und entwickelt die ersten elektronischen Spielzeuge für mb. Doch was ihn als Kind zum Außenseiter macht, lässt ihm auch im Job keine Ruhe.
Erst mit vierzig Jahren erfährt er die Ursache für sein Verhalten: Er leidet am Asperger-Syndrom - einer leichten Form von Autismus.
In *Schau mich an!* erzählt John Elder Robison aus seinem Leben, wie es wirklich war: manchmal traurig, manchmal komisch, aber immer ergreifend.
Als eBook und gedruckt.

***

Cathleen Lewis: *Mein Wunderkind. Eine Mutter, ihr autistischer Sohn und die Musik, die alles veränderte.*

Es hört sich alles irgendwie typisch amerikanisch an, aber so ist es geschehen: Ein Model und erfolgreiche Börsenmaklerin bekommt ein Kind. Es ist blind. Wenig später stellt sich heraus: Es ist auch autistisch. Aus der erfolgreichen Geschäftsfrau wird eine Kämpferin für ihr Kind, eine echte Löwin, die sich überall einsetzt, mitarbeitet und engagiert. Der Mann verlässt sie, weitere Rückschläge folgen.
Dann schenkt der geschiedene Mann dem Dreijährigen ein Keyboard. Er kann fast sofort erste Melodien spielen. Es zeigt sich schnell, das Rex ein musikalischer Savant ist, mit unglaublichen Fähigkeiten.

Die Mutter schreibt selbst über ihren Einsatz im Kindergarten, der Vorschule und den weiteren Stationen des Lebens von Rex. Was sie und Rex leisten, ist schwer beeindruckend und spannend zu lesen. Dabei steht nicht der „Savant Rex“ sondern das „Kind Rex“ im Vordergrund, erst später können seine Fähigkeiten zur gesellschaftlichen Integration genutzt werden. Aber das ist nicht selbstverständlich – sondern nur unter großem Einsatz der Mutter möglich.
Im Vergleich z. B. zu „Lieber Gabriel – die Geschichte meines autistischen Jungen“, einem ruhigen Buch das in den Weiten Norwegens spielt, findet man sich hier im lauten Amerika mit seinen zahlreichen Möglichkeiten wider. Der weitere Weg von Rex wird spannend zu beobachten sein – entsprechende Filme und Beiträge findet man auch auf meiner Website.
Ein Buch, das man in einem Rutsch durchliest.
Als eBook.

***

Liane Holliday Willey: *Ich bin Autistin – aber ich zeige es nicht*

Die Tochter erhält die Diagnose Asperger und die Mutter erkennt sich - endlich - in dieser Diagnose wieder. Sie beschreibt im Rückblick ihre Lebensgeschichte und reflektiert es nun in Kenntnis der Asperger-Diagnose.
Ernst, lustig und voller Anekdoten. Dabei immer spannend, denn man wartet darauf, wie der nächste Lebensabschnitt bis zur Hochschullehrerin mit drei Kindern verlaufen wird - und welchen Anteil das Asperger-Syndrom dabei hat.
Ein Extrakapitel widmet sie den Ereignissen, als Asperger-Autistin Kinder zu haben.
Sehr offen, in klaren Worten und schnörkellos beschrieben - und dabei doch sehr ins Detail gehend.
Sie beschreibt Gefühle intensiver, als so mancher Mensch ohne Asperger. Sie muss die Gefühle für sich genau beschreiben können, um sie zu verstehen.
"Auch wenn es 38 Jahre lang gedauert hat - ich kann gar nicht deutlich genug sagen, was für eine Erleichterung es war, mich endlich selbst zu finden!"
Ein gelungenes Ende findet das Buch mit zahlreichen Checklisten für alle Lebensbereiche. Hier gibt Liane H. Willey viele wichtige Hinweise, worauf man als Asperger-Autist achten sollte (bei der Ausbildung, der Arbeit, in Beziehungen etc.).
Mit einem sehr persönlichen Vorwort von Tony Attwood
Als eBook und gedruckt.

Stefanie Perl: *Hunde als Chance für Menschen mit Autismus – Hundgestützte Therapie in der Schulbegleitung eines Jugendlichen mit Autismus*

Hundetherapie und Autismus… darauf muss man erst einmal kommen. Stefanie Perl berichtet aus ihrer Arbeit als Schulbegleiterin und erläutert die theoretischen Grundlagen der therapeutischen Arbeit mit einem autistischen Jungen. Was in anderen Ländern schon seit längerem praktiziert wird, wird sicherlich auch in Deutschland umgesetzt werden.
Interessantes Buch, gut geschrieben und mit neuen Ideen. Für Menschen, die sich für Autismus, Schulbegleitung oder Tiertherapie interessieren ganz sicher Neuigkeiten.

Band 1 der Reihe „Wissenschaftliche Arbeiten zur Autismus-Spektrum-Störung".
Als eBook und gedruckt.

***

Halfdan W. Freihow: *Lieber Gabriel – Die Geschichte meines autistischen Jungen*

Das Buch beschreibt sehr gefühlvoll die Beziehung zwischen Vater und Sohn und lässt sich Zeit dabei. Es ist kein „schnelles" Buch. Der Sohn hat Autismus und ADHS, ist 7 Jahre alt. Der Vater beschreibt fast beiläufig die Besonderheiten, die schwierigen Ereignisse: Er beschreibt das alltägliche Leben mit seinem Sohn.
Dabei schreibt er das Buch für seinen Sohn wie einen sehr langen Brief, spricht ihn dabei immer mit „Du" an.
Dramatisch, überraschend, grundsätzlich ehrlich und erschlagend offen: Auch die Schwierigkeiten innerhalb der elterlichen Beziehung und zu den Geschwistern werden nicht ausgespart.
Es zeigt an vielen Stellen die Überforderung der Erwachsenen. Ein großes Familienfest ist dann die Bühne für einen großen Eklat, der vorhersehbar war. Deutlich wird auch die Zukunftsangst des Vaters – wie kann das Leben seines Sohnes weitergehen. Eines Tages wird er als Vater nicht mehr da sein.
Am Ende noch etwas zu den Diagnosen.
Das Buch zeigt die große Liebe des Vaters zu seinem Sohn – auch wenn es manchmal nicht leicht ist. Einfach schön zu lesen. Ich empfand die Lektüre des Buches geradezu als „runterkommen" aus der Hektik des Alltages. Man kann sich gut die norwegische Landschaft und den Lebensstil dazu vorstellen.

Als eBook.

Dawn Prince-Hughes, Dawn: *Heute singe ich mein Leben – Eine Autistin begreift sich und ihre Welt*

Obdachlos, Stripperin, Gorillas – dann Dr. der Anthropologie: Die Lebensgeschichte von Dawn Price-Hughes, bei der mit 36 Jahren das Asperger-Syndrom diagnostiziert wird.
Sie beschreibt ihre Kindheit und das sie die Schule aufgrund von extremen Mobbing abgebrochen hat. Wenig später ist sie mit 16 Jahren auf der Straße und obdachlos. Jahrelang zieht sie durch die USA, ohne jedes Ziel und Perspektive.
Sie hat alle Tiefen der Gesellschaft durchlebt, hat in Strippclubs in Tierfellen getanzt – ohne dies so wahrzunehmen, ihr Ziel war es stattdessen, die „urbane Gesellschaft zu erkunden“. Als Gespielin lesbischer Frauen dachte sie immer eine Beziehung aufzubauen, dabei ging es immer nur um eine Nacht.
Dann geht sie in den Zoo, lernt die Gorillas kennen, beginnt zu forschen, verändert ihr Leben, beginnt ein Studium – eine unglaubliche Geschichte. Die Formen menschlichen Zusammenlebens erlernt sie durch die Beobachtung der Gorillas, erforscht sich selbst durch ihre Forschungen. Die Beobachtungen an den Gorillas nimmt sie sehr detailgetreu auf, das verschafft ihr schließlich eine Hochschulanstellung.
Im letzten Teil des Buches stellt sie ihre Familienmitglieder mit den jeweiligen Ticks und Auffälligkeiten vor: Sicherlich eine seltene Ansammlung! Sie erläutert die Notwendigkeit, diagnostiziert zu werden und den Weg dorthin. Dazu gehört die (Familien-)Planung innerhalb ihrer lesbischen Beziehung und ihre Unterstützung bei der Asperger-Diagnose eines Cousins.
In diesem Buch liest man über das chaotische Leben einer Asperger-Autistin, die immer auf der Suche nach sich selbst ist - und manchmal nicht einmal mehr das - und die glückliche Wendung. Und man lernt viel über das menschliche Verhalten von Gorillas.
Ein rundum spannendes Buch, das zu Recht oben in den Verkaufscharts zu finden ist.
Als eBook.

***

Katrin Moser: *Autismus-Spektrum-Störungen im kirchlichen Umfeld*

Katrin Moser legt eine bisher einmalige Arbeit über die Autismus-Spektrum-Störungen im kirchlichen Umfeld vor. Dabei geht sie auf Menschen mit Behinderung im kirchlichen Kontext ein, erläutert die Ideen der Inklusion in diesem Rahmen und beschreibt vor allem, auf welche Besonderheiten die Mitarbeiter im kirchlichen Zusammenhang achten sollten, wenn sie mit Menschen aus dem autistischen Spektrum arbeiten. In Auseinandersetzung mit christlichen Riten und Gebräuchen reflektiert sie die Bedürfnisse besonderer

Menschen. Spannend und neu in der intensiven Auseinandersetzung mit diesem Thema.
Als eBook. Band 2 der Reihe „Wissenschaftliche Arbeiten zur Autismus-Spektrum-Störung"

***

Franz Uebelacker: *Ich lasse mich durch wilde Fantasien tragen. Ein Leben mit Gestützter Kommunikation (FC)*

Franz ist Autist, schwer körperbehindert und kann nicht sprechen - in diesem Buch, herausgegeben von seinem Vater, erzählt er seine Lebensgeschichte. Als Achtjähriger begann er, mit Hilfe der „Gestützten Kommunikation" sich auf einer Schreibmaschine zu äußern. Über einen Zeitraum von mehr als 30 Jahren entstand auf diese Weise eine Autobiografie: voller Emotionalität, gepaart mit Witz und, später, einem ausgeprägten Sinn für Erotik. Je mehr Franz sich über seine lebensbestimmende Behinderung klar wurde, desto leidenschaftlicher setzte er sich mit Fragen nach dem "Warum?" auseinander, nach dem Sinn des Lebens. Im Anhang werden Fragen zu Methode, Anwendung und Rechtsfragen der Gestützten Kommunikation (FC) behandelt.

Als eBook.

***

Gisa Anders: *Eine Fantasie guckt aus dem Fenster. Vom frühkindlichen Autismus zum selbstbestimmten Leben*

In der normalen Entwicklungsliteratur findet man viele positive Ansätze und Anregungen. In der Behindertenliteratur gibt es zwar Bestätigung, aber man wird als Eltern verängstigt und entmutigt. Wenn bei normalen Menschen die Phase der größtmöglichen Lernfähigkeit beginnt, sind die meisten autistischen Menschen schon nicht mehr erreichbar.
Ich werde oft gefragt: „Was macht Dirk?" Ich sage dann voll Stolz: „Er ist jedes Wochenende in der Disco oder bei Freunden, ansonsten bereitet er sich intensiv auf seine Gesellenprüfung vor." Auf meine Frage: „Hätten Sie das je für möglich gehalten?" folgt ein spontanes, klares „Nein".
Dirk war nicht in der Lage, sich selbst eine Grundlage zu schaffen. Daher stand seine Entwicklung in der Zeit der wichtigsten Lernphase fast still.
Dirk brauchte Hilfe, die hat er bekommen.
Dirk brauchte Mut, den habe ich ihm gemacht.
Auch ich brauchte Mut, den habe ich mir nicht nehmen lassen.
Viele Menschen haben sich immer wieder bemüht, mich zu entmutigen, sie haben mein Engagement belächelt.

Ich habe mich nicht von Behindertenliteratur verängstigen lassen, sondern habe die festgestellten Entwicklungsmöglichkeiten als Chance gesehen.
Dieses Buch ist das Zeugnis eines Kampfes gegen Vorurteile und Klischees – ein hartes Stück Arbeit, es hat sich gelohnt.
Als eBook.

***

Julia Annette von Freeden: *Empathie und Prosozialität bei Kindern und Jugendlichen mit einem autistischen Geschwisterkind*
Sind Geschwisterkinder von Autisten sozialer als andere Geschwisterkinder? Eine interessante These, die durch von Freeden untersucht wird. Eine empirische Arbeit, die aktuelle Veröffentlichungen zum Thema auswertet und eine eigene Untersuchung durchführt.
An der Untersuchung durch von Freeden, Bachelor of Science der Psycholgie, nahmen 103 Personen teil. Die Experimentalgruppe bestand aus 60 Kindern und Jugendlichen, die ein autistisches Geschwisterkind haben.
Das Buch wird abgeschlossen mit einem sehr aktuellen und umfangreichen Literaturverzeichnis.
Als eBook. Band 3 der Reihe „Wissenschaftliche Arbeiten zur Autismus-Spektrum-Störung“

***

Dietmar Zöller: *Wenn ich mit euch reden könnte...*
Ein autistischer Junge beschreibt sein Leben aus seiner Sicht

Nicht nur ein sehr offenes und bewegendes Buch, sondern auch ein Stück Zeitgeschichte. Dietmar Zöller ist einer der ersten Autisten, die sich nur über Schreiben mitteilen können – und es auch tun. Eine einmalige Gelegenheit, die Entwicklung des autistischen Jungen mitzuerleben. Und wenn man viele Diskussionen und Entwicklungen aus der heutigen Zeit verfolgt, ist man erstaunt, wie aktuell das Buch von Dietmar Zöller ist.
So beschreibt er das Problem, adäquaten Unterricht zu erhalten: „Alles was ich lernen soll, kann ich schon. Sie wollen mich dumm halten.“ Viele Autisten in Fördereinrichtungen sprechen diesen Punkt an, da sie häufig als geistig behinderte behandelt werden, oft aber ganz andere Fähigkeiten haben.

In diesem Buch ist der Leser mehrere Jahre quasi live bei der persönlichen Entwicklung dabei. Es liest sich wie ein Tagebuch. Als er älter wird, kommen auch sehr schöne Gedichte hinzu.
Es zeigt seine Entwicklung, sein reifer-werden und sein großes Verständnis der Welt um ihn herum. Nach außen wirkt er behindert, im Inneren ist er ein junger

Mann, der sich selbst sucht. Ein schweres Los, dass er immer wieder thematisiert.
Als eBook.

***

Dietmar Zöller: *Ich gebe nicht auf*
Aufzeichnungen und Briefe eines autistischen jungen Mannes, der versucht, sich die Welt zu öffnen

„Ich gebe nicht auf" ist das zweite Buch von Dietmar Zöller. Das erste Buch „Wenn ich mit euch reden könnte..." würde zu einem überraschenden Erfolg und in mehrere Sprachen übersetzt. Durch das Erscheinen des ersten Buches konnte Zöller deutlich mehr Selbstbewusstsein entwickeln. Deutlich mehr Selbstvertrauen. Dadurch wirkt das Buch noch Reflektierter (er wird allerdings ja auch älter). Vielfach wird auf Reaktionen auf das erste Buch hingewiesen, der Briefverkehr abgedruckt. Zöller: „Seit ich Anerkennung bekomme, kann ich meine Behinderung akzeptieren."

Dietmar Zöller erläutert seine sehr differenzierten Körperwahrnehmungen und gibt einen noch tieferen Einblick in das Sein eines Autisten. Für Außenstehende kaum nachzuvollziehen, beschreibt er seine besonderen Fähigkeiten der Augen und Ohren. Er musste bisher ja davon ausgehen, dass alle Menschen so empfinden, wie er. Nun merkt er, dass offensichtlich besonders die Sinneswahrnehmungen bei ihm andern funktionieren. Seine Wahrnehmungen sind dabei stark unterschiedlich in Entwicklung und Nutzung. Mit einem Löffel Tabasco spürt er auch seinen Mund.
Mit über 20 Jahren lernt er durch neue Therapieformen seinen Körper besser kennen, zu nutzen und zu verstehen – erkennt aber auch seine Grenzen, was häufig schmerzhaft ist.
Er beschreibt auch die Ablösung von der Psychotherapie und seine Erfahrungen mit Feldenkrais-Übungen.
Als eBook.

***

Dietmar Zöller: *Kathrin ist autistisch. Die Geschichte eines besonderen Mädchens*

Die Geschichte einer nonverbalen Autistin von der Kindheit bis zu ihrer Ausschulung und neuen Perspektiven. Geschrieben mit viel Insiderwissen: Denn der Text stammt von Dietmar Zöller, selbst nichtsprechender Autist. Er hat bereits zahlreiche Bücher geschrieben und stellt hier seine erste Erzählung vor. Diese ist so genau geschrieben, dass es ein Leichtes ist, dieses Buch als Biografie zu lesen.

Innenansichten und Empfindungen einer Autistin werden dargestellt, wie es nur von einem Autisten selbst geschrieben werden kann. Immer wieder mit Details versehen, die autistische Menschen besser verstehen lassen.

Kathrin ist eine erfundene Person, die Familie und alle, die mit ihr umgehen, auch. Und dennoch handelt es sich um eine wahre Geschichte. Kathrins Lebensgeschichte bis zur Schulentlassung steht beispielhaft für viele Schicksale von Menschen, die als autistisch diagnostiziert wurden.
Kathrins Mutter kommt als junge Frau mit der Idee der gestützten Kommunikation in Kontakt. Durch das ganze Buch ziehen sich die Erfahrungen mit dieser Kommunikationsform.
Auch das Leben als Mutter einer nichtsprechenden Autistin wird beschrieben. Viele Höhen und Tiefen: Ehemann und später der Ex, Freunde, Bekannte und Verwandte und deren Verhalten spiegeln die ganzen Facetten eines Lebens mit einem behinderten Kinde wieder. Besonders schwer bei intelligenten, nonverbalen Autisten: Die Beschulung. Auch dazu gibt es im Buch manche Idee.
Spannend, in einem flüssigen Schreibstil verfasst, will man unbedingt wissen, wie es weitergeht.
Als eBook und gedruckt.

***

Dietmar Zöller: *Als nichtsprechender Autist in fremden Ländern. Das Unterwegssein als Chance erleben*

Dietmar Zöller ist einer der bekanntesten nichtsprechenden Autisten im deutschen Sprachraum. Mit seinen zahlreichen Buch- und Fachartikelveröffentlichungen hat er maßgeblich zum Verständnis von Autisten beigetragen.
Dietmar Zöller reist gern. Fast jedes Jahr hat er mit seinen Eltern zusammen eine Reise unternommen: Als Kind, als Jugendlicher und als Erwachsener. Die Frage des Verreisens stellt sich für Eltern behinderter Kinder und Erwachsener häufig: Wie soll das gehen, welche Ziele kann man auswählen, kann ich eine ganz normale Pauschalreise buchen? Dietmar Zöller gibt in dem vorliegenden Buch die Antwort: Ja, alles ist möglich. Deutschland, Europa und die weite Welt.
Das Buch soll Eltern behinderter Menschen Mut machen, sich durch die Behinderung nicht zu sehr einschränken zu lassen. Es zeigt sehr deutlich, wie wichtig das Reisen auch für den behinderten Menschen ist: Eine Bereicherung, auch Herausforderung, an der man wachsen kann, ein einzigartiges Erlebnis.
Dieses Buch ist eine großartige Sammlung von Reiseberichten aus nahen und fernen Ländern. Was mit Campingtouren durch Westeuropa bis hin zum Nordkap begann, konnte mit der politischen Wende auf Osteuropa ausgedehnt

werden und ist mit geschichtlichen Einblicken ergänzt. Dann entschloss sich Familie Zöller auch mit Fernreiseunternehmen unterwegs zu sein: Grönland, Mongolei, China, Indien, Namibia und viele weitere Länder folgten. Eine Inspiration weit über das Thema „Reisen mit behinderten Menschen" hinaus.

78 Fotos aus dem Familienalbum der Zöllers illustrieren die Berichte und geben einen sehr persönlichen Einblick in ihre Reisen.
Als eBook und gedruckt.

***

Bruno J. Schor/ Alfons Schweiggert: *Autismus - ein häufig verkanntes Problem: Kinder und Jugendliche mit autistischen Verhaltensweisen in allen Schularten*

Die Erziehungsverantwortlichen in allen Schularten sind meist nicht in der Lage, die schweren Mehrfachbehinderungen des Autismus und dessen Auswirkungen auf das soziale Handeln zu erkennen und wirksame Fördermaßnahmen zu ergreifen.
Dieses Buch wendet sich daher an Lehrerinnen und Lehrer in Förderschulen, aber vor allem in Grundschule und Hauptschule, in Realschule und Gymnasium. Es beschreibt autistische Störungen, ihre vielfältigen Symptome sowie Möglichkeiten zur Früherkennung.
Es stellt vielfältige Formen der Therapie vor und informiert über besonders wirkungsvolle Therapieansätze. Es behandelt medizinische, pädagogische und soziale Aspekte, die sich im Umgang mit autistischen Kindern ergeben und bündelt Erkenntnisse von Fachleuten, stellt Erfahrungen und Einschätzungen von betroffenen Eltern, von Mitgliedern aus Autismus-Verbänden, von Medizinern und Lehrern dar.
Das Buch liefert eine Fülle an Anregungen und beschreibt pädagogische Maßnahmen, die in der Schule zur Anwendung kommen können. Es zeigt pragmatische Möglichkeiten der Zusammenarbeit von Schule, Elternhaus und außerschulischen Fachdiensten im Sinne einer kompensatorischen und ganzheitlichen Erziehung und Förderung auf.
Die sehr klare und leicht verständliche Sprache, tut diesem Thema dabei sehr gut.
Die vorliegende Publikation richtet sich in erster Linie an Lehrende aller Schularten, will aber darüber hinaus bei allen Erziehungsverantwortlichen breite Aufklärungsarbeit leisten. Das geschieht z. B. durch die kurze und knappe Erläuterung von Testmethoden. Sehr gut zum Nachvollziehen von ärztlichen Diagnosen geeignet.
Ein spannendes Buch, das viele Anregungen für den Schulalltag und darüber hinaus gibt.
Als eBook.

16409666R00060

Printed in Poland
by Amazon Fulfillment
Poland Sp. z o.o., Wrocław